Nicole von Kleist
Ewald Schlitt

Das große Buch vom Schminken

Tolle Masken für Klein und Groß

INHALT

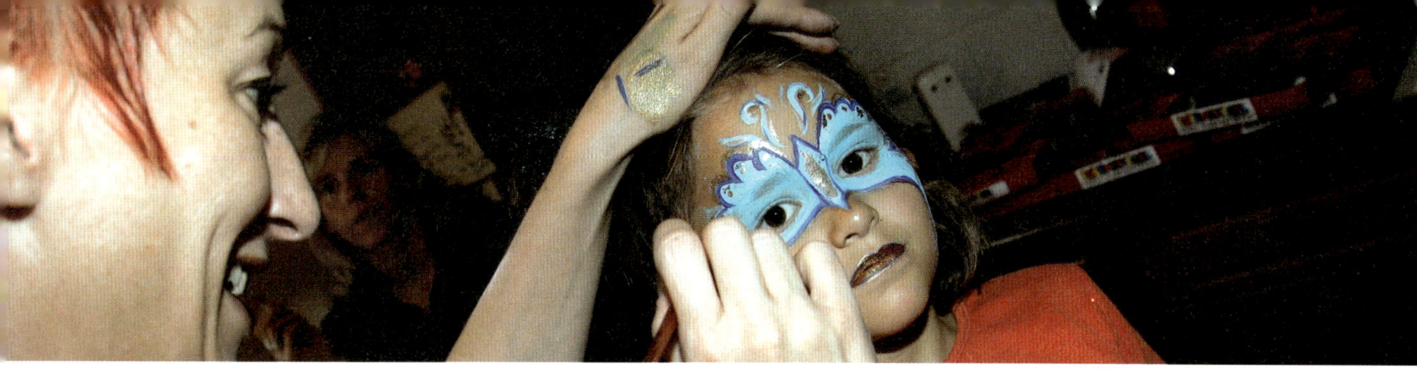

Das große Buch vom Schminken

Sich zu verwandeln, gehört zu den ältesten und beliebtesten Aktivitäten bei Groß und Klein. Ob im privaten, künstlerischen oder spielerischen Bereich, immer professioneller werden die verwendeten Materialien und immer vollkommener die geschminkten Masken. Tiger, Prinzessin, Schmetterling und Co. wurden natürlich schon tausend Male geschminkt und können nicht ganz neu erfunden werden. Aber die Variationen, in denen sie uns begegnen, sind immer wieder anders, ja, immer perfekter.

Auch das immer weiter wachsende Angebot an neuen Farben und Glitzern weckt neue Ideen und eröffnet schier grenzenlose Möglichkeiten. Wir zeigen in diesem Buch viele Masken, die beispielsweise unter Zuhilfenahme von Perlglanz-Effekt-Puder entstanden sind. Seine Brillanz und Farbenpracht lassen auch altbekannte Motive in neuem, trendigem Glanz erscheinen wie etwa den Leoparden, der dank des seidigen Schimmers ziemlich sexy wirkt. Oder unseren Schmetterling, der diesmal nicht Ton in Ton geschminkt wurde, sondern sehr poppig und mit viel leuchtendem, glamourös wirkendem Glitzer. Natürlich haben wir auch Monster- und Halloweenmasken, die sich gerne von den auffallend schönen Kinderschminkmasken die Schau stehlen lassen.

Heutzutage hat das „Schminkfieber" weit um sich gegriffen. Viele, die nicht beruflich mit dem Schminken zu tun, sondern privat ein Faible dafür entwickelt haben, sind mittlerweile richtige Schminkfans geworden und immer auf der Suche nach neuen Ideen, Abwandlungen und Vorlagen, von denen sie sich neu inspirieren lassen können. Ihnen, aber auch den Anfängern, die zum ersten Mal den Pinsel schwingen, will dieses Buch Anregungen geben. Auf der beiliegenden DVD stellen wir die nötigen Materialien vor, zeigen Pinsel- und Schwammtechniken und erklären anhand einiger Masken exemplarisch, wie Sie mit etwas Übung zum Schminkprofi werden. Und beim Zuschauen werden Ihnen ganz nebenbei viele Tricks und Kniffe beigebracht, mit deren Hilfe Sie erstaunliche, tolle Ergebnisse erzielen werden.

Aber schauen Sie doch erst mal rein …

Ihre

 und 

GRUNDAUSSTATTUNG

Die folgenden Materialien benötigen Sie für jede Maske. Sie werden in den einzelnen Materiallisten nicht mehr gesondert aufgeführt.

- Sprühflasche (zum Anfeuchten von Schwämmchen)
- Wassergefäß (zum Anfeuchten und Auswaschen von Pinseln)
- Schere (zum Durchschneiden von Schwämmchen)
- Serviette oder Küchenkrepp (zum Abtupfen des Pinsels, wenn er zu feucht ist)

DVD ▸▸▸
Dieses Zeichen verweist auf das Kapitel der beiliegenden DVD, in dem vergleichbare Arbeitsschritte vorgestellt werden.

SCHWIERIGKEITSGRADE

● ○ ○ einfach ● ● ○ etwas schwieriger ● ● ● anspruchsvoll

MATERIALIEN UND HILFSMITTEL

DVD ▸▸▸ Materialvorstellung

Einzelne wasserlösliche Farben und Glitzer

Wasserlösliche Farben sind in Farbtöpfen in verschiedenen Größen im Handel erhältlich und wichtig für jeden, der oft und viel schminkt. Es gibt eine große Auswahl an Farbtönen und drei unterschiedliche Farbschattierungen: Perlglanz-, Standard- und Hauttöne. Alle Farben sind gut untereinander mischbar. Zum Auftragen werden sie mit etwas Wasser aufgerührt. Sie trocknen auf der Haut und sind dann wischfest.
Glitzer kann als die „Krone" der geschminkten Masken bezeichnet werden. Polyesterglitzer verleiht dem Kunstwerk auf der Haut einen besonderen Glanz und Glamour. Er ist weich und flexibel und haftet leicht auf der geschminkten Haut. Auf die bzw. zusammen mit der noch feuchten Farbe aufgetragen, trocknet er an und hält über viele Stunden, bis man ihn mit fließendem Wasser wieder herunterwäscht. Man unterscheidet zwischen Standard-Glitzer, den es in vielen Farbschattierungen gibt, Frosted Glitzer, der einen optischen „Eiskalt"-Effekt hat, Perlmutt-Glitzer, der irisierend wirkt, und Juwel-Glitzer, auch holographischer Glitzer genannt, der durch seinen dreidimensionalen Effekt besticht und in drei verschiedenen Partikelgrößen verfügbar ist.

Liquid Make-up

Flüssige Farben sind sehr gut geeignet, um mit dem Pinsel aufgetragen zu werden. Mit Mischflüssigkeit verdünnt, eignen sie sich auch hervorragend zur Anwendung mit der Airbrush. Liquid Make-up ist in vielen verschiedenen Farbtönen und Variationen erhältlich, z. B. in Hauttönen, Perlglanztönen und natürlich in allen Grundfarben. Alle Farben – die „festen" und die flüssigen – sowie jeder Glitzer können zusammen angewendet werden. Zum Abschminken einfach mit Wasser und Seife entfernen. Es eignen sich auch sehr gut feuchte Reinigungstücher. Achtung: Keine Öltücher!

Sortimentskasten

Wer viel schminkt, arbeitet am besten mit einem Sortimentskasten, in den man flüssige Farben und Glitzer einfüllen kann. Die Fächer sollten zum Säubern einzeln herausnehmbar sein.

Schwämme und andere Applikatoren

Feinporige Schmink- oder Kosmetikschwämme sind sehr gut geeignet, um gleichmäßige Grundierungen zu erstellen. Normalerweise schneidet man sie in der Mitte durch und nimmt die Farbe mit der Schnittkante auf.
Profischwämme, die immer gelb sind und eine abgerundete Käselaibform haben, werden vor dem Schminken in der Regel ebenfalls mit der Schere in der Mitte durchgeschnitten. Mit den Hälften lassen sich sehr gut Grundierungen mit geschwungenen Rändern auftragen.
Mit Latexkeilen, die in einer Art Blumenform erhältlich sind (im Foto unten links), aus der sie herausgebrochen werden, kann man weiche Übergänge erstellen und auch feine Linien zeichnen.
Die Schwämme werden nach dem Gebrauch mit heißem Wasser gereinigt, Kosmetikschwämme kann man sogar mit bis zu 90 °C in einem Wäschebeutel in der Waschmaschine mitwaschen, allerdings ohne Weichspüler. Selbst wenn sie danach noch verfärbt sind, kann man sie problemlos weiter verwenden.
Mit dem schwarzen Stoppelschwamm werden mit Farbe Bartstoppeln oder Schürfwunden aufgetupft (Fachausdruck „aufstippeln").
Die Puderquaste verwendet man zum Auftragen von Fixierpuder.
Mit dem Wachsspatel werden mit Spezialeffektwachs gewünschte Strukturen (Narben, Wunden, Beulen usw.) modelliert.

Pinsel

Pinsel aus Synthetikfasern sind für Farben, die mit Wasser gelöst werden, besser, da sie flexibler sind. Sie halten auch deutlich länger als Naturhaarpinsel, selbst wenn sie durch ständiges Ins-Wasser-Tauchen stark beansprucht werden. Nach dem Schminken werden sie mit Wasser und Seife oder Haarshampoo ausgewaschen. Pinsel gibt es in verschiedenen Formen:
Rundpinsel sind sehr gut geeignet für feine bis dickere geschwungene Linien und Schnörkel und auch zum Konturenmalen.
Katzenzungenpinsel eignen sich zum Schminken der Lippen und werden daher auch als „Lippenpinsel" bezeichnet. Außerdem werden sie gerne benutzt, wenn Linien mal dünner und mal dicker verlaufen sollen. Sie sind auch hervorragend zum Ausmalen geeignet.
Flachpinsel zählen zu den Allroundern. Mit der dünnen Seite aufgesetzt zeichnen sie schmale, mit der breiten Seite aufgesetzt dickere Linien.
Balance-Pinsel sind griffverstärkte Rundpinsel und sehr gut für Linkshänder geeignet.
Der Puderpinsel ist ein buschiger Pinsel, der zum Auftragen von z. B. Fixierpuder dient.
Rougepinsel sind rundgebundene buschige Pinsel zum Auftragen von Rouge und Schattierfarben.

Tipp: Ältere und aus der Form geratene Kunstfaser-Pinsel können Sie ausgezeichnet wieder in Form bringen, indem Sie die Haare kurz in wasserlöslichen Mastix tauchen, auf einem trockenen Kosmetiktuch in Form rollen und anschließend trocknen lassen. Vor dem nächsten Gebrauch kurz in Wasser tauchen und schon können Sie weiter schminken.

Spezialeffektprodukte

Dazu gehören falsche Wimpern in allen möglichen Formen und Farben, Wollkrepp zum Erstellen von Bärten, Augenbrauen usw. und Latexteile, die mit Mastix (Hautkleber) angeklebt werden. Es gibt Spezialeffektwachs, mit dem sich Narben modellieren lassen, und Filmblut in verschiedenen Konsistenzen und Farben, z. B. flüssiges Blut in Hell (arterielles Blut) und Dunkel (venöses Blut), das ganz realistisch herunterläuft, und Fixblut, das auf der Haut trocknet und somit absolut wischfest ist. Wasserlöslicher Mastix dient zum Befestigen von kleinen Teilen wie Strasssteinen, Federn oder kleinen Bärten bei Kindern. Er wird mit Wasser entfernt. Herkömmlicher Mastix klebt sehr stark und wird für größere Latexteile, Glatzen usw. benutzt. Er muss mit einem speziellen Mastixlöser entfernt werden.

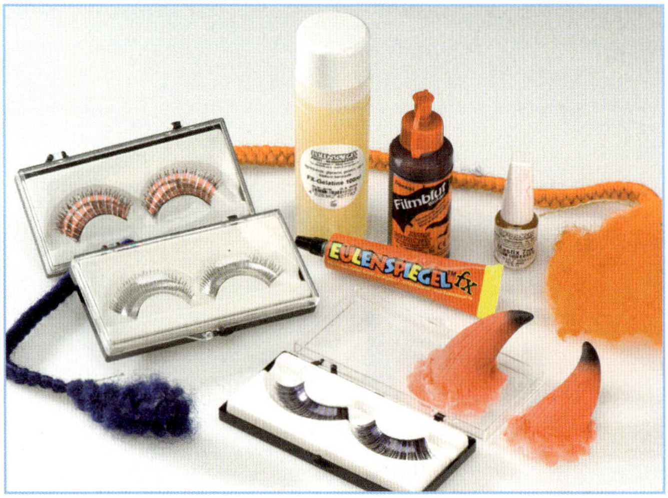

Schminksets

Praktisch für Einsteiger, Leute, die nur mal ab und zu schminken wollen, oder alle, die Wert auf ein Rundum-Komplett-Paket legen, sind Schminksets, mit denen gleich losgeschminkt werden kann. Es gibt zu jedem Thema und für jeden Anspruch das passende Schminkset: Vom Drei-Farbenset bis zur 24-Farben-Metallpalette ist alles zu haben. Je nach Größe enthalten die Sets neben den Farbtrays noch Pinsel, Glitzer, Schwämme, Puder und ausführliche Anleitungen.

Fan-Stick

Mit diesem auf Fett basierenden Schminkstift, den es in unterschiedlichen Farben und Ausführungen gibt, lassen sich in einem Zug gleich mehrere verschiedene Farben auftragen.

So wird's gemacht

Grundieren

Eine gleichmäßige Grundierung ist die Basis jeder Maske. Dazu das Schminkschwämmchen mit der Schere in der Mitte durchschneiden und an einem Ende der Schnittkante mit einer Sprühflasche (am besten mit verstellbarer Sprühdüse) anfeuchten. Dann die Farbe aus dem Farbtopf aufnehmen und, wenn die Grundierung deckend sein soll, auftupfen. Unregelmäßigkeiten lassen sich so leicht ausgleichen.

Schnörkel und Co.

Verzierungen werden mit dem Pinsel aufgemalt. Je schwungvoller die Bewegung des Pinsels aus dem Handgelenk ist, desto lebendiger wirkt das jeweilige Motiv. Immer die Farbe von innen nach außen auftragen, damit die Linien nach außen hin spitz zulaufen. Besonders gut eignen sich hierfür flüssige Farben, für die man jedoch etwas Übung benötigt. Am Anfang seiner „Schminkkarriere" kann man auch feste Farben mit einem Pinsel und etwas Wasser anrühren.

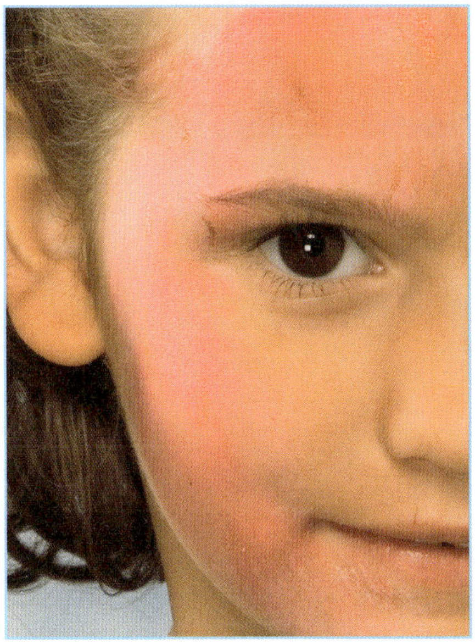

Tipp: Die Umrandungen von Schnörkeln und anderen Verzierungen mit Schwarz immer nur andeuten, nie zu Ende führen. Dadurch wirkt die Verzierung dreidimensional und nicht zu plakativ.

Glitzer

Glitzer krönt jede Schminkmaske. Am effektvollsten ist bunter Glitzer, wenn er farblich passend zum Untergrund gewählt wird. Es gibt verschiedene Möglichkeiten, Glitzer aufzutragen: Entweder einfach den losen Glitzer zwischen zwei Fingern reibend über die ganze Maske streuen (dabei unbedingt das Model bitten, die Augen zu schließen). Oder den feuchten oder mit Farbe behafteten Pinsel in den Glitzer tauchen und ihn so gezielt auf bestimmte Stellen tupfen. Eine besonders gute Methode, um größere Flächen mit Glitzer zu versehen, ist es, den Pinsel mit dem Glitzer flach an das Gesicht zu führen und den Glitzer mit leichten Drehbewegungen aufzurollen.

SCHWAMM- UND PINSELTECHNIKEN

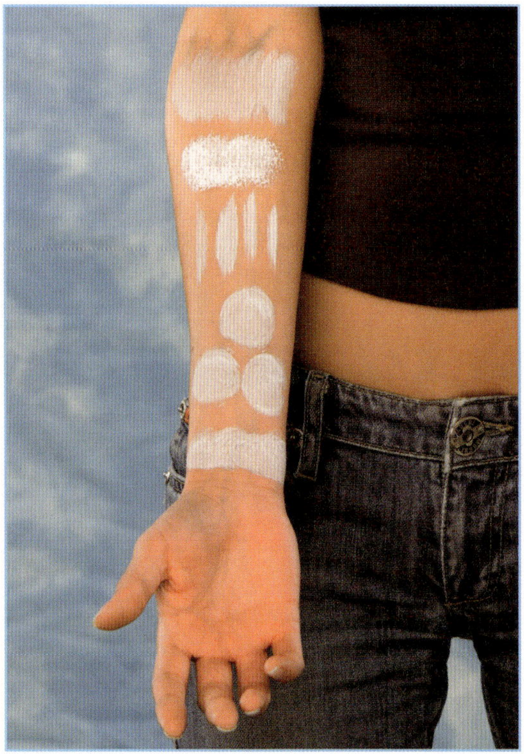

DVD ▸▸▸ Grundtechniken

Grundierungen

Grundierungen und Farbflächen können mit einem halbierten feinporigen Schwamm oder Profischwamm aufgetragen werden. Je nachdem wie man den Schwamm hält und führt, entstehen ganz unterschiedliche Effekte. Von oben nach unten:

Schraffier- oder Wischtechnik: Mit wenig Druck die Farbe hin und her schraffiert bzw. wischend auftragen. Wirkt transparent.

Tupftechnik: Mit der Schwammhälfte die Farbe auftupfen, so bekommt man einen stark deckenden Farbauftrag.

Kantentechnik: Mit der Kante der Schwammhälfte die Farbe auftragen, so erhält man Linien und Striche ohne Pinsel.

Kreistechnik: Flächenmäßig vergrößerte Form der Wölkchentechnik. Mit flach aufgesetzter Profischwammhälfte die Farbe durch Drehen des Schwammes kreisförmig auftragen.

Wölkchentechnik: Wie die Kreistechnik – der Radius des Kreises wird verkleinert, indem man die Kante der Schwammhälfte leicht zusammendrückt; die Kreise sind dadurch kleiner.

Farbübergänge

Es gibt unterschiedliche Möglichkeiten, Farben zu mischen. Von oben nach unten:

Mit einem feinporigen Schwamm wurde hier der Farbverlauf (Übergang) von einer in die andere Farbe dargestellt. Dazu die erste Farbe auftupfen und die zweite direkt angrenzend daran auftupfen. Nun tupfen Sie in mehrmaligen Durchgängen beide Farben – dort wo sie sich treffen – übereinander auf.

Wölkchentechnik mit Farbschattierung: Mit einer Profischwammhälfte weiße Farbe kreisförmig auftragen, indem die Schwammhälfte aufgesetzt und im Kreis gedreht wird. Einen Pastellton (hier Hellpink) in derselben Technik mit leichtem Druck darüber auftragen.

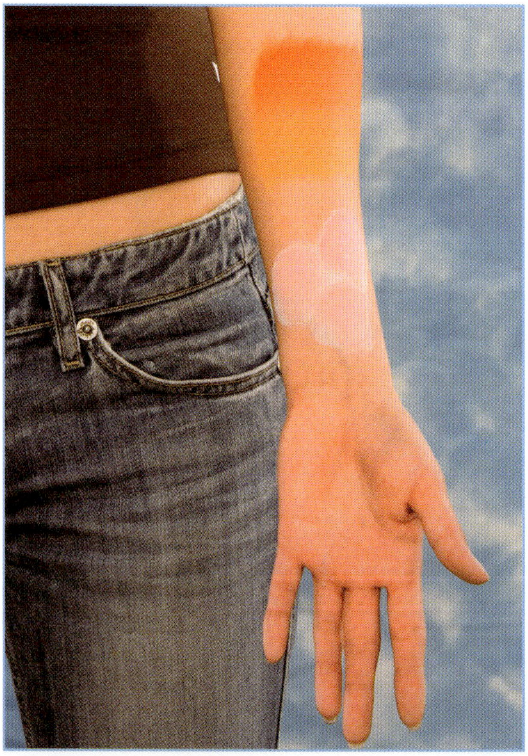

Mit dem Pinsel

Je nachdem wie der Pinsel gehalten und geführt wird, entstehen Strichstärken und Punkte in unterschiedlichen Stärken. Von oben nach unten:

Nicht geschlossene Kreise mit nach innen spitz auslaufenden Enden, mit einem dünnen Rundpinsel, z. B. Größe 2 oder 3, ausgeführt.

S-förmige oder fragezeichenförmige Schnörkel, ebenfalls mit dem Rundpinsel gezeichnet. Lassen Sie die Enden spitz auslaufen. Sie können leicht an den jeweiligen Schnörkel weitere Schnörkel anfügen.

Mit der Spitze des Katzenzungenpinsels, Größe 4, kleine bis größere Tupfen auftragen, die durch unterschiedlich ausgeübten Druck auf den Pinsel entstehen.

Tropfenförmige Punkte und dicke Schnörkel werden ebenfalls mit dem Katzenzungenpinsel aufgetragen.

Eine Linie kann dünner oder dicker verlaufen, je nachdem wie viel Druck Sie auf den Pinsel ausüben.

Im Grunde brauchen Sie keinen großen Fundus an Pinseln, da Sie mit etwas Übung viele verschiedene Techniken mit drei oder vier Pinseln ausüben können. Als Grundausstattung empfehlen wir folgende Pinsel: einen Rundpinsel in Größe 1 und einen Rundpinsel in Größe 3 sowie einen Katzenzungenpinsel in Größe 4 und einen Katzenzungenpinsel in Größe 8.

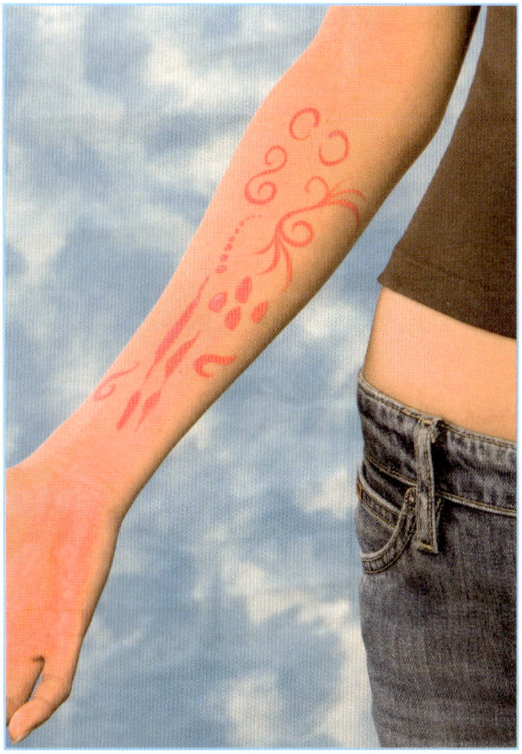

Mit Latexkeil und Stoppelschwamm

Hier werden die verschiedenen Möglichkeiten dargestellt, die der Latexkeil und der Stoppelschwamm bieten. Von oben nach unten:

Mit der flachen Kante des Latexkeils von oben nach unten abgerollt erhält man eine scharfe Kante, die dann weich ausläuft.

Wenn man die flache Seite des Latexkeils aufsetzt und kreisförmig dreht, erhält man einen großen Punkt. Mehrere dieser Punkte ergeben z. B. eine Blüte.

Mit der Kante des Keils lassen sich sehr gut dünne Striche und Streifen aufzeichnen.

In Schwarz wurden mit einem Stoppelschwamm Bartstoppeln aufgestippelt.

Verbrannte Haut

Mit Spezialgelatine, wasserlöslicher Schminkfarbe in Hell- und Weinrot, sowie Filmblut in Hell und Dunkel ist es ganz einfach, einen täuschend echten Eindruck verbrannter Haut zu erwecken.

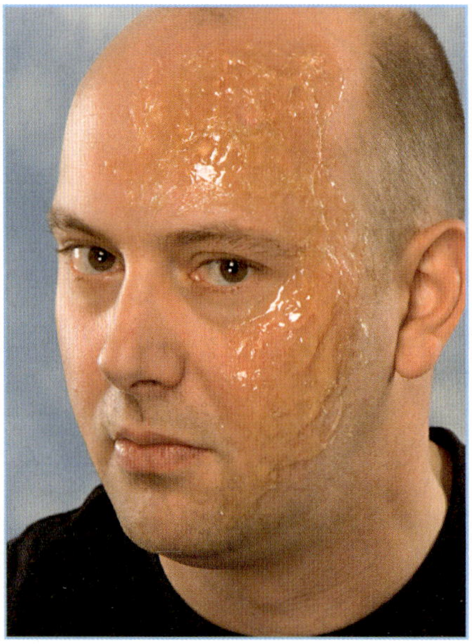

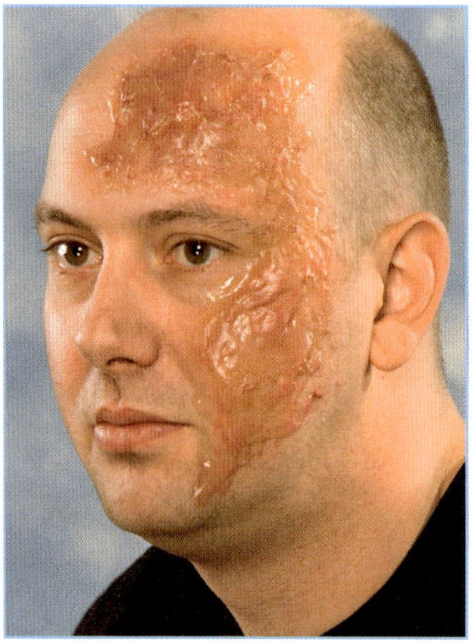

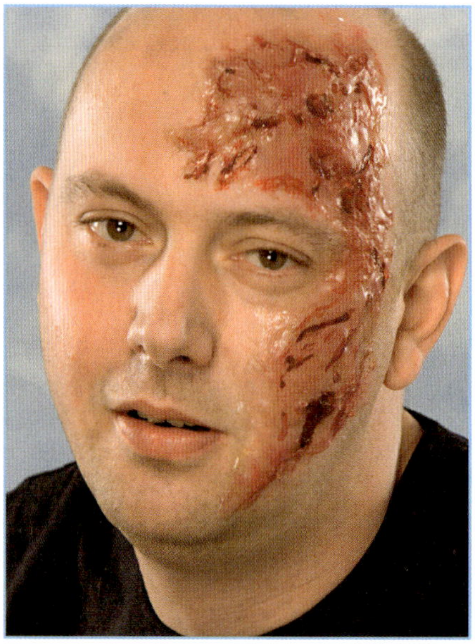

1 Spezialgelatine in der Auftrageflasche (aus dem Theaterbedarf) im Wasserbad erhitzen, bis die Gelatine flüssig ist. Sicherheitshinweis: Temperatur vorsichtig auf dem Handrücken testen!
Nun die Gelatine aus der Flasche auf das Gesicht auftragen. Die Gelatine trocknet in wenigen Minuten, der Trocknungsvorgang kann jedoch auch durch Föhnen beschleunigt werden.

2 Wenn die Gelatine trocken ist, darüber mit einem feinporigen Schwämmchen Weinrot und Hellrot übereinander auftragen.

3 Mit einem Pinsel helles Filmblut auf die erhabenen Stellen und dunkles in die Vertiefungen geben.

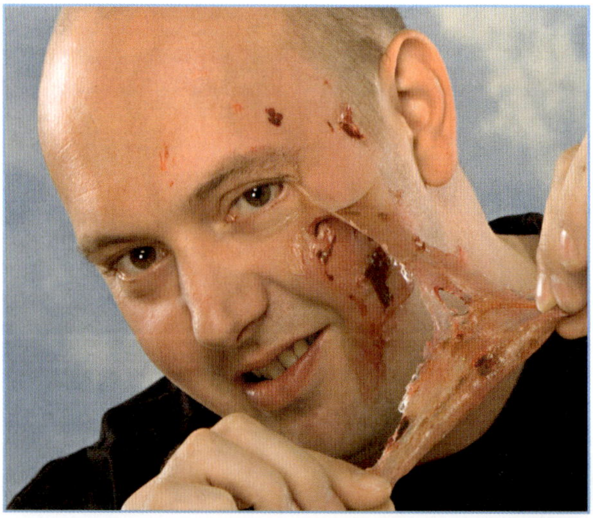

4 Nach Gebrauch kann die Gelatine ganz einfach am Stück vom Gesicht abgezogen werden.

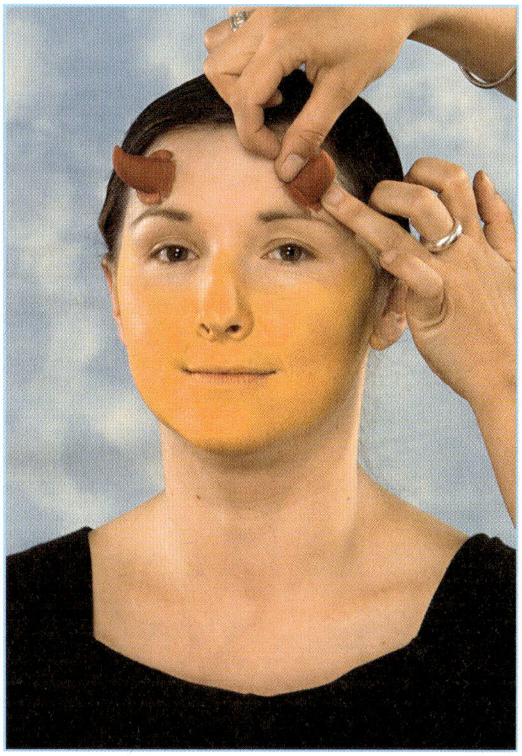

Hörner ankleben

Die Latexhörner an die Stelle halten, an der sie später angebracht werden sollen, und die Stelle markieren, indem mit einem Schwämmchen oder einer Puderquaste die äußeren Ränder z. B. mit weißem oder hautfarbenem Transparent-Puder eingepudert werden.
Die Ränder der Latexhörner, falls sie sich wölben und sich dadurch schlechter anbringen lassen, vorsichtig mit einer Schere etwas anschneiden. Dann die Ränder der Latexhörner und auch die entsprechenden Hautstellen mit Mastix bestreichen, den Kleber kurz (ca. zwei bis drei Minuten) antrocknen lassen und dann an der vorgesehenen Stelle das Latexteil fest an die Haut drücken. Mit den Fingern fixieren, bis die Hörner von allein haften (DVD ▸▸▸ Teufel).
Andere Latexteile werden ebenso angebracht.

Haare und Bart ankleben

Haare und Bärte aus Wollkrepp werden folgendermaßen angebracht:
Den vom Hersteller zu einem Zopf geflochtenen Wollkrepp aufmachen und über Wasserdampf (z. B. über dem Wasserkocher) entkräuseln. Die gewünschte Länge abschneiden. Nun zieht man mit beiden Händen jeweils die Enden des abgeschnittenen Haarstrangs auseinander (wie bei einem Silvester-Knallbonbon) und legt die Haarstränge beispielsweise locker übereinander, bis sie die gewünschte Höhe und Dichte erreicht haben. Auf die vorgesehene Hautstelle Mastix-Hautkleber auftragen und anschließend das Wollkrepp-Büschel mit der Schnittstelle aufsetzen (schräg anschneiden). Mit den Händen festhalten, bis der Kleber getrocknet ist und die Haare bzw. der Bart von alleine halten.

Willkommen im Reich der Fantasie! Die elegante Zauberin eröffnet den Reigen, mit dem kosmischen Space Face machen wir einen Ausflug in die Weiten des Weltalls, die glamouröse Schlangenfrau lässt uns an ihrem Geheimnis teilhaben und die kleine Blumenranke lädt zum Träumen ein. Die Elfe schwingt von Blatt zu Blatt, Tribal-Ornamente gefallen Klein und Groß und Herzdame und kleines Herzchen rühren ans Gemüt. Mit Farbe, Glitzer und der Kraft der Einbildung werden Wünsche Wirklichkeit.

FANTASY

ZAUBERIN

→ zauberhaft charmant

SCHWIERIGKEITSGRAD

● ○ ○

MATERIAL

- wasserlösliche Schminkfarbe in Perlglanz-Bronze, Perlglanz-Kupfer und Schwarz
- Perlglanz-Effekt-Puder in Pharaonengold
- Glitzer in Frosted Pink und Silber-Juwel-Glitzer (grob)
- Schmink- oder Kosmetikschwamm
- Rundpinsel, Größe 2 oder 3
- Katzenzungenpinsel, Größe 4

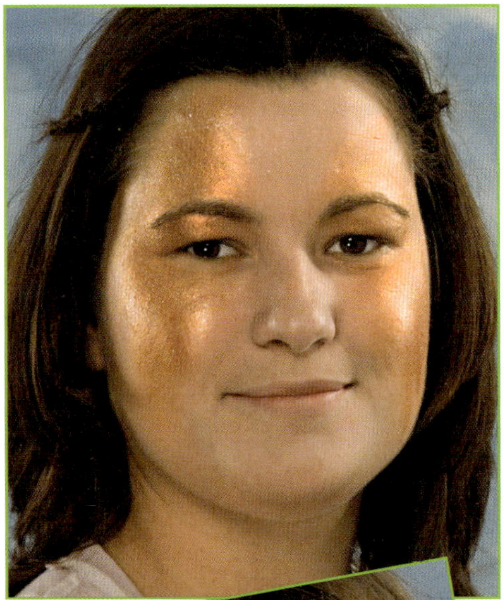

1 Mit Perlglanz-Bronze und Perlglanz-Kupfer die beiden äußeren Gesichtshälften schraffieren (DVD ▸▸▸ Schnörkelmaske).
Achtung: Die Schwammhälften sollten nicht zu sehr angefeuchtet werden!

2 Mit Perlglanzpuder in Pharaonengold die oberen Augenlider bis zu den Schläfen betonen.
Von den inneren Augenwinkeln ausgehend schwungvoll mit dem Rundpinsel, Größe 2 oder 3, zwei leicht gebogene Schnörkel entlang der halben Augenbrauen bis zur Stirn hinauf ziehen.
Mit demselben Rundpinsel die Augen schwarz umranden und je zwei kurze, leicht gebogene Schnörkel an beiden Augenwinkeln nach oben und unten zeichnen. Aus der Mitte dieser jeweils vier Schnörkel mit Abstand je zwei leicht gebogene Schnörkel von unterschiedlicher Länge ziehen.

3 Um einen etwas dramatischeren Effekt zu erzielen, zuerst mit dem Katzenzungenpinsel, Größe 4, die Lippen in Perlglanz-Bronze schminken und dann recht dünn von einem Mundwinkel beginnend bis zur Mitte der Lippen auslaufend Schwarz auftragen. Glitzer in Frosted Pink mit einem sauberen, in Wasser getauchten Pinsel auf die Perlglanz-Grundierung auftragen. Abschließend punktuell mit dem Pinsel Juwel-Glitzer auf die schwarzen Ornamente tupfen.

Tipp: Perlglanzpuder wird meistens trocken aufgetragen. Um den Perlglanzpuder in Pharaonengold, mit dem die Augen betont werden, intensiver erscheinen zu lassen, können Sie ihn in einer kleinen Schale (oder Untertasse) mit etwas Wasser cremig anrühren und dann auftragen.

SPACE FACE

→ unterwegs zu den Sternen

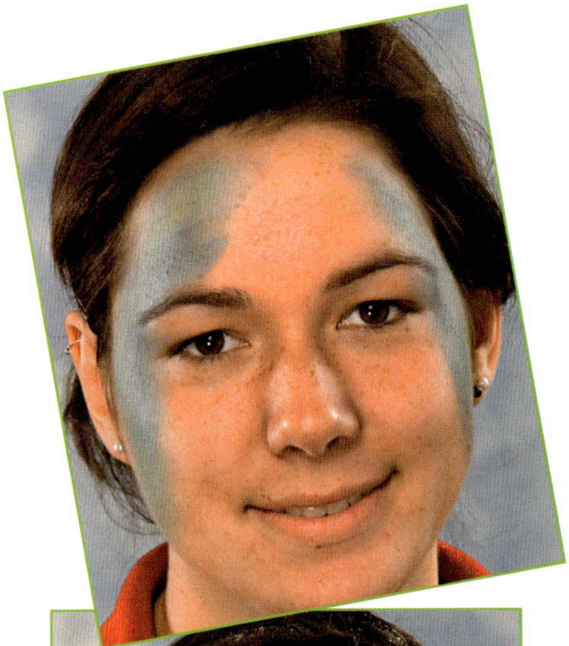

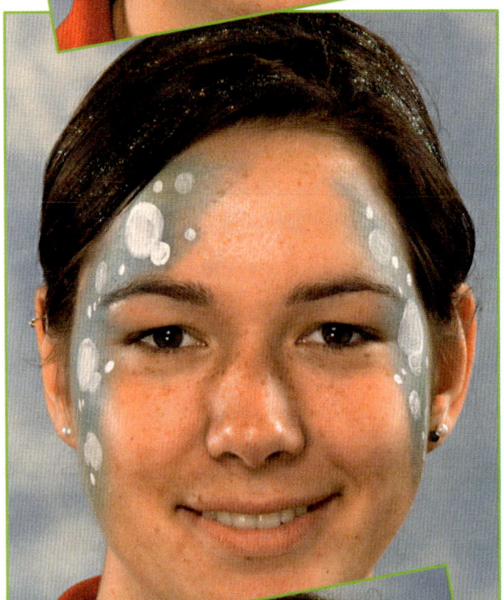

SCHWIERIG-KEITSGRAD

●○○

MATERIAL

- wasserlösliche Schminkfarbe in Pastellgrün, Weiß und Merlingrün
- Perlglanz-Effekt-Puder in Smaragdgrün
- Glitzer in Frosted Green und Gold-Juwel-Glitzer (grob)
- Schmink- oder Kosmetikschwamm
- Rundpinsel, Größe 2 und 3 oder 4

1 Mit einer feuchten Schwammhälfte schraffierend die beiden äußeren Gesichtshälften in Pastellgrün grundieren (DVD ▸▸▸ Schnörkelmaske). Anschließend smaragdgrünen Perlglanzpuder in trockener Form mit einem trockenen Schwämmchen darüber auftragen.

2 Mit dem dünnen Rundpinsel, Größe 3 oder 4, mit Weiß auf die Grundierung auf beiden Seiten Planeten in verschiedenen Größen aufmalen.

3 Mit demselben Pinsel wie in Schritt 2 kreuzförmig nach Belieben zwischen den Planenten vier kleine Striche ziehen, die in der Mitte spitz zusammenlaufen. Wichtig: Die Striche dürfen sich nicht in der Mitte treffen, das nimmt den Sternchen die Dynamik. In den Zwischenräumen der vier Striche vier weitere kleine Striche platzieren. Von diesen Sternchen an beliebigen Stellen mehrere auf die Grundierung zwischen den Planeten auftragen.
Mit einem Pinsel alle Planeten und Sterne in Merlingrün schattieren.
Auch die Lippen in Merlingrün schminken und anschließend mit dem Rundpinsel, Größe 2, weiß umranden. Nun mit demselben dünnen Rundpinsel ein paar winzige, weiße Planeten auf die Lippen malen. Mit einem sauberen, feuchten Pinsel Glitzer in Frosted Green auf die merlingrüne Grundierung und die Lippen aufbringen. Gold-Juwel-Glitzer, vereinzelt auf die Sterne aufgebracht, verleiht der Maske einen ganz besonderen Glanz.

Tipp: Achten Sie darauf, dass die grünen Schatten auf den Planenten immer nur auf derselben Seite, also entweder links oder rechts am Planeten, aufgetragen werden. Das macht den plastischen Effekt perfekt.

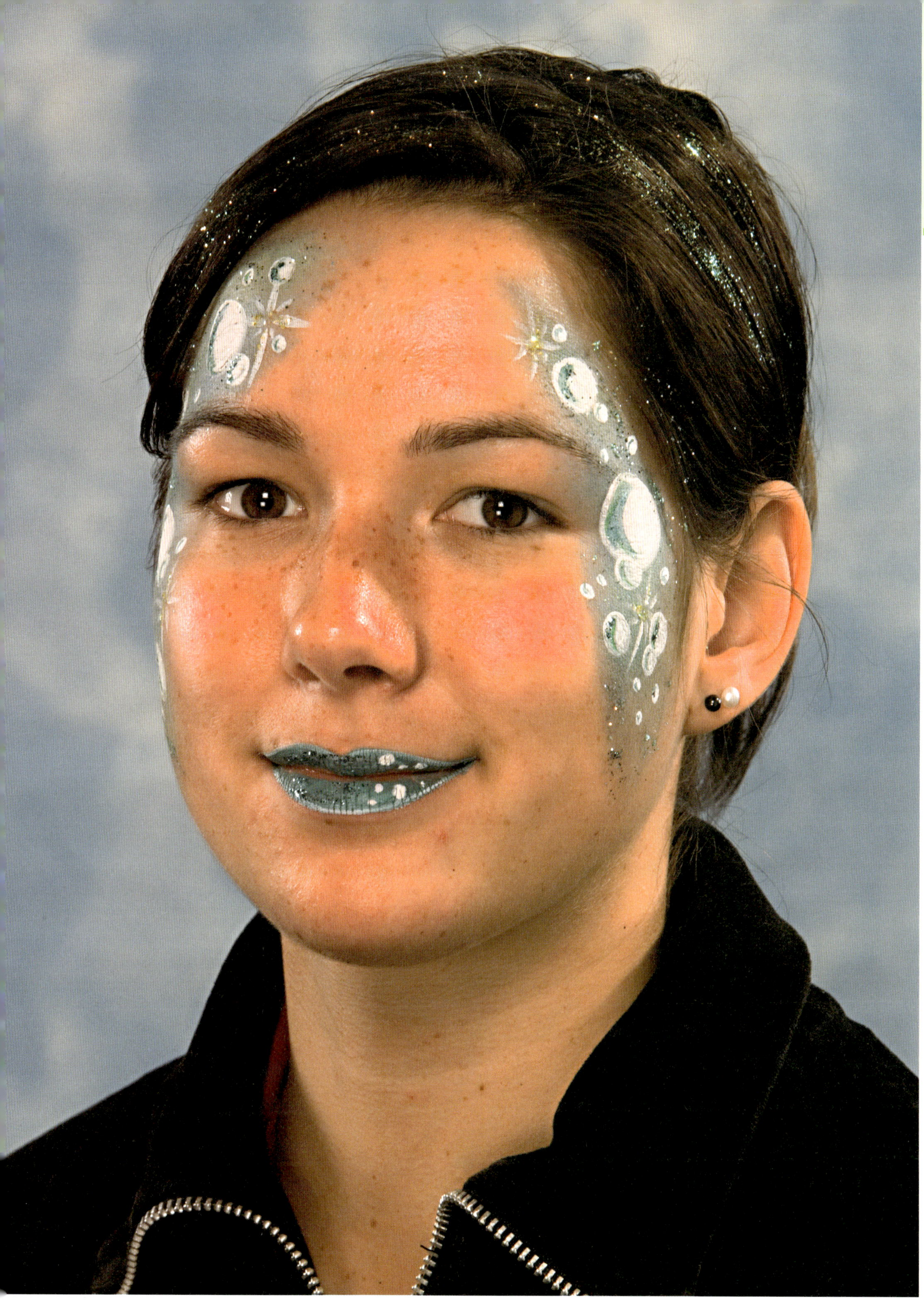

SCHLANGENFRAU

→ mysteriös-glamourös

SCHWIERIG-KEITSGRAD

●●●

MATERIAL

- wasserlösliche Schminkfarbe in Hexengrün, Smaragdgrün, Perlglanz-Gold, Rostbraun, Schwarz, Dunkelgrün und Weinrot
- Perlglanz-Effekt-Puder in Orange
- Glitzer in Frosted Green
- Schmink- oder Kosmetikschwamm
- Katzenzungenpinsel, Größe 8, oder Latexkeil
- Rundpinsel, Größe 2

1 Mit der leicht angefeuchteten Schwammhälfte vorsichtig orangefarbenen Perlglanzpuder auf Nasenrücken und Stirn auftragen. Wer noch nicht geübt ist im Auftragen von Perlglanzpuder, sollte in einem Deckelchen vorher eine kleine Menge Puder mit etwas Wasser anmischen und zum Ausprobieren eventuell auf den eigenen Arm auftragen.
Mit einem Katzenzungenpinsel, z. B. Größe 8, oder einem Latexkeil die Augen spitz zulaufend von den Oberlidern bis zu den Schläfen in Hexengrün kolorieren. Auch die Schlange, die sich vom Haaransatz in Richtung Nasenrücken schlängelt, kann entweder mit einem Katzenzungenpinsel, Größe 8, oder einem Latexkeil aufgemalt werden.

2 Nun mit dem Rundpinsel, Größe 2, auf die Schlange und auf die grüne Grundierung der Augen smaragdgrüne Rauten aufmalen und mit Rostbraun umranden. Auf die restliche Grundierung und außen an den Wangen Rauten in Perlglanz-Gold auftragen, die mittig jeweils eine kleinere Raute in Rostbraun erhalten.

3 Die oberen Augenlider bis hin zum Ansatz der Augenbrauen mit dem Rundpinsel, Größe 2, in Schwarz betonen. Auch unterhalb der Augen schwarze Linien ziehen, die zum äußeren Augenwinkel zunächst breiter werden und dann erst spitz auslaufen, während sie am inneren Augenwinkel sofort spitz zulaufen. Je eine geschwungene Linie vom inneren Augenwinkel bis zum äußeren Rand der Augenbraue und weiter Richtung Haaransatz zeichnen. Mit dem dünnen Rundpinsel alle Rauten und die Schlange schwarz konturieren und Augen und Nasenlöcher aufmalen. Eine kleine Schattierung in Dunkelgrün auf die Rauten malen. Die Lippen in Weinrot betonen und etwas Schwarz hinein schattieren. Als „Gag" dem Model eine Schlangenzunge in Hexengrün aufmalen und mit einem dünnen Pinsel in Schwarz eine Kontur andeuten. Das geschminkte Gesicht mit Glitzer in Frosted Green verzieren.

Tipp: Diese Maske wirkt auch toll, wenn Sie verschiedene, farblich passende Glitzer verwenden – jedoch sollten sie sparsam und punktuell mit dem Pinsel, nicht gestreut aufgetragen werden.

BLUMENRANKE

→ für niedliche Prinzessinnen

SCHWIERIGKEITSGRAD

●○○

MATERIAL

- wasserlösliche Schminkfarbe in evtl. Perlglanz-Silber, Weiß, Fuchsiapink, Smaragdgrün, Rot und Schwarz
- Perlglanz-Effekt-Puder in Pink
- Glitzer in Frosted Pink und Silber-Juwel-Glitzer (grob)
- Kosmetik-, Schmink- oder Profischwamm
- Rundpinsel, Größe 2 und 3
- Katzenzungenpinsel, Größe 4

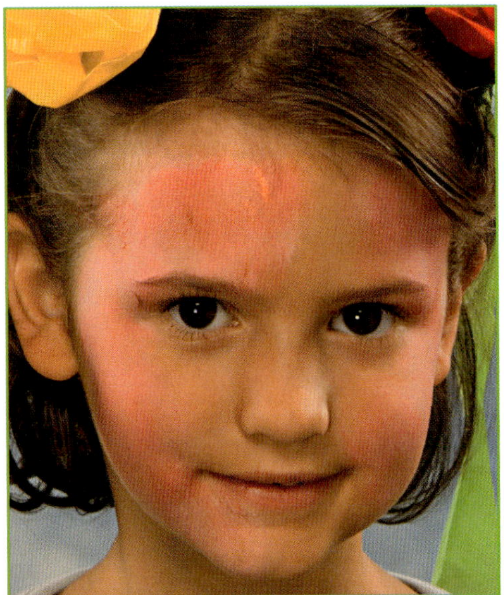

1 Für die Grundierung eine Schwämmchenhälfte (vorzugsweise Profischwamm) benutzen. Beide Enden der flachen Seite mit Wasser befeuchten und mit der einen Seite ganz dünn schraffiert Weiß oder Perlglanz-Silber und mit der anderen Seite Fuchsiapink, ebenfalls dünn schraffiert, darüber auftragen. Mit einem trockenen Schwamm Perlglanzpuder in Pink darüber geben.

2 Mit dem Rundpinsel, Größe 3, nach Belieben in Fuchsiapink Blüten aufmalen.
Anschließend die Blüten mit smaragdgrünen Schnörkeln verbinden und einzelne Blätter zwischen den Blüten platzieren.

3 Die Lippen mit dem Katzenzungenpinsel, Größe 4, in Fuchsiapink schminken. Mit dem Rundpinsel, Größe 2 oder 3, weiße Highlights auf Blüten, Blätter und Ranken setzen (DVD ▸▸▸ Schnörkelmaske).
In die Mitte der Blüten je einen weißen, nicht zu kleinen Punkt mit der Pinselspitze auftupfen.
Entlang der Ranken wirken ein paar immer kleiner werdende weiße Dekopunkte sehr attraktiv.
Mit dem Rundpinsel, Größe 2, die Blüten in Rot und die Blätter in Schwarz konturieren.
Zuletzt mit einem feuchten Pinsel Glitzer in Frosted Pink über die ganze Maske behutsam aufrollen. Etwas Juwel-Glitzer auf Blüten und Blätter tupfen.

ELFE

→ reizendes Naturwesen

SCHWIERIG-KEITSGRAD

●●○

MATERIAL

- wasserlösliche Schminkfarbe in Hexengrün, Smaragdgrün und Seegrün
- Glitzer in Frosted Green und Gold-Juwel-Glitzer (grob)
- Kosmetik- oder Schminkschwamm
- Rundpinsel, Größe 3
- Flachpinsel oder Katzenzungen-pinsel, Größe 8

1 Mit dem dünnen Rundpinsel, Größe 3, die Konturen der Maske in Hexengrün schnörkelig aufzeichnen. Diese Schnörkel danach mit Hexengrün ausmalen. Um die Mitte der Maske gleichmäßig zu grundieren, die Hälfte eines feinporigen Kosmetikschwammes verwenden.

2 Mit dem Flachpinsel oder Katzenzungenpinsel, Größe 8, mit Smaragdgrün auf die Grundierung dünn feine Schattierungen auftragen; dabei vor allem die Schnörkel betonen.
Die Lippen hexengrün schminken und die Augen mit dem Rundpinsel in Smaragdgrün betonen.

3 Mit dem Rundpinsel um die ganze Maske und die betonten Augen eine Kontur in Seegrün ziehen. Auch die Lippen mit Seegrün umranden. Anschließend mit einem sauberen, angefeuchteten Pinsel die Lippenkontur vorsichtig nach innen auslaufen lassen. Zu dieser Maske passt farblich der Glitzer in Frosted Green, der ganz einfach über die gesamte Maske gestreut wird. Wichtig: Es reicht eine geringe Menge an Glitzer – vergleichbar einer Prise Salz.
Als Highlight Gold-Juwel-Glitzer mit einem sauberen, feuchten Pinsel punktuell auftragen.

Tipp: Um zum Schluss Juwel-Glitzer aufzutragen, tauchen Sie einen sauberen Pinsel (ohne Farbreste) ins Wasser, anschließend in den Glitzer und rollen den Pinsel über die gewünschten Stellen.

TRIBALS

→ angesagte Tattoos

SCHWIERIG-KEITSGRAD

●●●

MATERIAL FREIGE-ZEICHNETE TATTOOS

- Tattoofarbe oder wasserlösliche Schminkfarbe
- Rundpinsel, Größe 2
- Fixierpuder oder Fixierspray
- evtl. Puderquaste
- evtl. flüssiger Versiegler
- evtl. Glitzer nach Belieben

TATTOO MIT SCHABLONE

- Tattooschablone
- Tattoofarbe
- Rundpinsel, Größe 2
- Fixierpuder oder Fixierspray
- evtl. Puderquaste

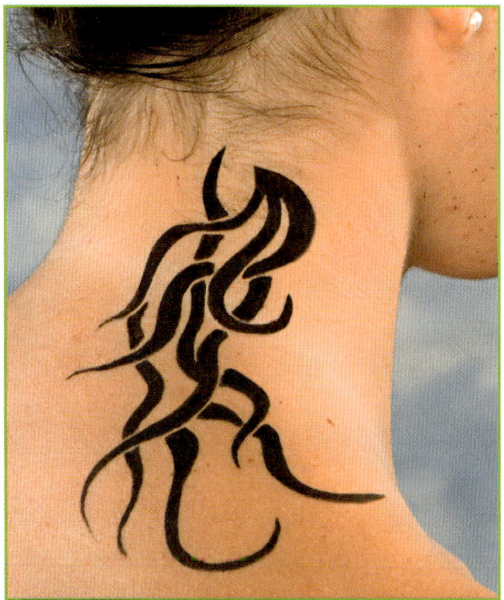

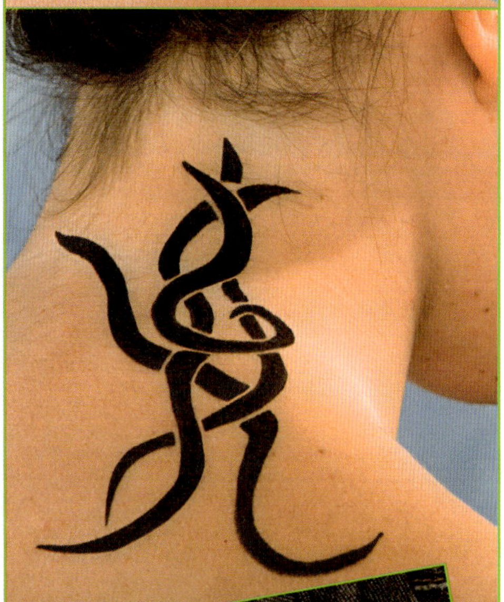

Frei gezeichnete Tattoos

Die Tattoofarbe gut schütteln oder aufrühren. Bei der Verwendung fester wasserlöslicher Schminke den Pinsel in Wasser tauchen, in die Farbe gehen und die Farbe dann auftragen. Sie können auch die feste wasserlösliche Farbe direkt mit Wasser besprühen und in der Mitte der Farbdose eine Stelle weich bis flüssig aufrühren.
Mit einem dünnen Rundpinsel einen „Basisschnörkel" auftragen. An diesen Schnörkel weitere anfügen oder ihn mit anderen Schnörkeln durchkreuzen.
Vor dem Antrocknen der Farbe, wenn gewünscht, Glitzer auftragen.
Das fertige Tattoo mit Fixierpuder bzw. bei wasserlöslicher Farbe am besten mit Fixierspray fixieren. Anschließend kann behutsam flüssiger Versiegler darüber gegeben werden.

Tipp: Wenn sich die Schnörkel kreuzen sollen, lassen Sie einen optisch oberhalb und einen optisch unterhalb verlaufen. Um den Eindruck eines unterhalb laufenden Schnörkels zu vermitteln, führen Sie ihn bis kurz vor die „Schnittstelle", lassen ihn dort abrupt (0,5 mm frei lassen) enden und führen ihn hinter der Schnittstelle (auch im Abstand von 0,5 mm) weiter (DVD ▸▸▸ Schnörkelmaske).

Tattoo mit Schablone

Das Tribal am Bein wurde mit einer Tattooschablone aufgebracht: Dazu die Klebeschutzfolie der Tattooschablone abziehen und dort auf der Haut platzieren, wo das Tattoo gewünscht wird. Darauf achten, dass die Folie fest auf der Haut aufliegt und sich nirgendwo abhebt.
Die Flasche mit der Tattoofarbe sehr gut schütteln, damit sich die Pigmente gleichmäßig verteilen. Wenn nötig, können die am Flaschenboden abgelagerten Farbpigmente auch mit einem Zahnstocher oder dem Pinselstiel aufgerührt werden.
Die Tattoofarbe mit dem Rundpinsel vorsichtig in die Zwischenräume der Schablone auftragen. Die Farbe kurz antrocknen lassen, dann die Folie vorsichtig wieder abziehen. Zum Schluss das Motiv mit Fixierpuder oder Fixierspray fixieren.

HERZCHEN

→ nicht nur für kleine Mädchen

SCHWIERIGKEITSGRAD

●●○

MATERIAL

- wasserlösliche Schminkfarbe in Weiß, Fuchsiapink, Hellpink, Türkis und Lila
- Silber-Juwel-Glitzer (grob) und Glitzer in Gold
- Kosmetik-, Schmink- oder Profischwamm
- Rundpinsel, Größe 2 oder 3

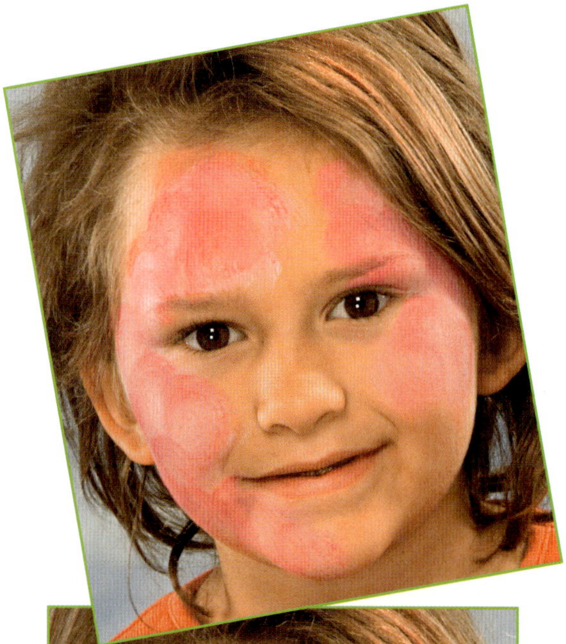

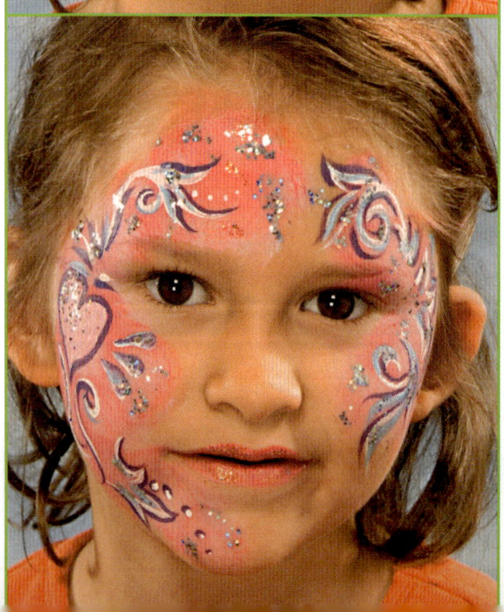

1 Mit der flachen Seite des durchgeschnittenen Schwämmchens (vorzugsweise Profischwamm) wölkchenartig – dazu den Schwamm leicht nach links und nach rechts drehen – zuerst Weiß und darüber Fuchsiapink auftragen.

2 Mit dem dünnen Rundpinsel zuerst auf Höhe der Ohren auf der einen Gesichtshälfte ein weißes Herz malen; von diesem ausgehend zur Stirn und zum Kinn hin Schnörkel in Weiß zeichnen.
Auf der anderen Gesichtshälfte in Höhe des Auges drei Zacken aufmalen, von denen aus ebenfalls Schnörkel zu Stirn und Kinn verlaufen.
Nach Belieben weiße Punkte – in einer Reihe hintereinander und immer kleiner werdend – mit der Pinselspitze aufsetzen.

3 Das Herz mit Hellpink ausfüllen und lila konturieren.
An die weißen Schnörkel weitere Schnörkel in Türkis und Lila anbringen.
Die Lippen in Fuchsiapink schminken. Zum Schluss mit einem feuchten Pinsel stellenweise Juwel-Glitzer und auf die Lippen goldenen Glitzer auftupfen.

HERZDAME

→ für einen herzlichen Auftritt

SCHWIERIGKEITSGRAD

● ○ ○

MATERIAL

- wasserlösliche Schminkfarbe in Hellpink, Weiß, Fuchsiapink und Schwarz
- Perlglanz-Effekt-Puder in Pink
- Glitzer in Fuchsiapink und Silber-Juwel-Glitzer (grob)
- Kosmetik- oder Schminkschwamm
- Rundpinsel, Größe 2 oder 3
- Katzenzungenpinsel, Größe 4

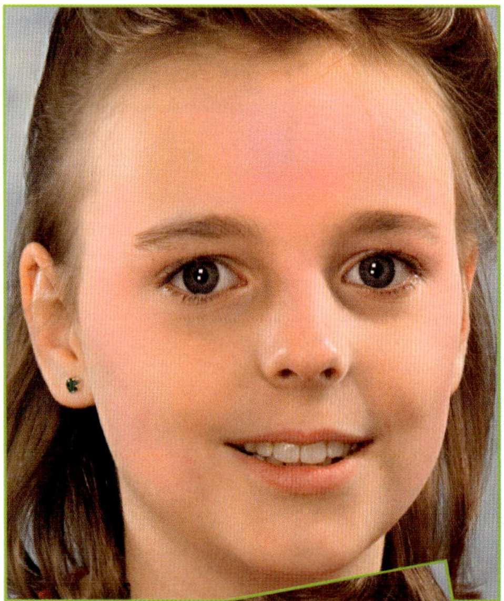

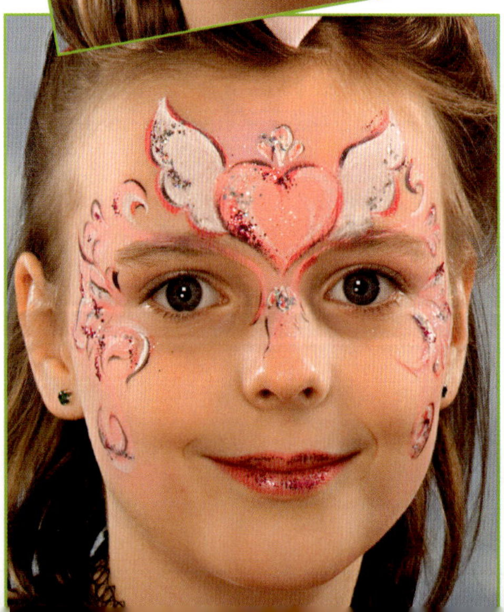

1 Mit einer Schwämmchenhälfte Stirn und Wangen mit Perlglanzpuder in Pink grundieren.

2 Mit dem Rundpinsel, Größe 2 oder 3, in der Mitte der Stirn ein Herz in Hellpink auftragen. Ebenfalls mit dem Rundpinsel vom Nasenrücken ausgehend bis hin zur Stirn und bis rechts und links auf die Wangen auslaufend schnörkelige Ornamente in Hellpink auftragen.
Mit Weiß dem Herzen Flügel verleihen.

3 Die Schnörkel mit Weiß hervorheben, indem entlang der hellpinkfarbenen Schnörkel weiße Farbe aufgetragen wird.
Mit ein paar weißen Strichen Highlights auf das Herz setzen und es somit plastischer erscheinen lassen.
Nun mit Fuchsiapink Konturen um Herz, Flügel und Ornamente auftragen.
Mit Schwarz ein paar zarte Konturen an die Ornamente setzen und die Lippen mit dem Katzenzungenpinsel, Größe 4, in Fuchsiapink schminken.
Mit einem sauberen und zuvor in Wasser getauchten Pinsel erst vorsichtig Juwel-Glitzer auf die Ornamente rollen und anschließend punktuell mit Glitzer in Fuchsiapink einzelne Highlights setzen.

Tipp: Lassen Sie die Konturen in Fuchsiapink zu den Spitzen der Ornamente (Flügel) und des Herzens hin dünner auslaufen. Das bewirkt mehr Dynamik.
Das Herz im Haar ist aus einem Schwämmchen geschnitten und mit einer Haarklammer fixiert.

Tiere sind auf vielerlei Arten faszinierend. Die Blumen- und die Miezekatze sind beide süße Kätzchen, wirken aber durch Farbgebung und witzige Accessoires ganz neu. Der Dino mit seinem furchteinflößenden Gebiss sieht stark an kleinen Jungs aus. Der farbenfrohe Schmetterling im Mosaikstil ist für jedes Alter geeignet, während der Feuerfalter durch seine Ausdruckskraft eine eher erwachsene Maske ist. Das Zuckerschneckchen ist die perfekte Maske für niedliche Mädchen und der Leopard mit Lots of Spots und die Tigerkatze vervollständigen das Raubtier-Repertoire.

TIERE

BLUMENKÄTZCHEN

→ ein Klassiker mal anders

SCHWIERIGKEITSGRAD

●●○

MATERIAL

- wasserlösliche Schminkfarbe in Weiß, Hexengrün, Merlingrün, Perlglanz-Pink, Türkis und Dunkelgrün
- Glitzer in Smaragdgrün und Silber-Juwel-Glitzer (grob)
- Kosmetik-, Schmink- oder Profischwamm
- Rundpinsel, Größe 1, 2 und 3

1 Das „Katzenschnäuzchen" mit einer Schwämmchenhälfte in Weiß grundieren. Über die übrige Gesichtsfläche mit der Kante des Schwämmchens von innen nach außen in Fell-Optik die hexengrüne Grundierung auftragen (DVD ▸▸▸ Tiger). Dabei die Öhrchen auf der Stirn nicht vergessen.

2 Mit dem Rundpinsel, Größe 3, die weißen Grundflächen der Blüten auf Stirn und Wangen auftragen. Ebenso in Weiß die Schnurrhaare aufmalen, dabei darauf achten, auf jeder Seite zwei nach oben und zwei nach unten zeigen zu lassen (DVD ▸▸▸ Tiger).
Mit einem Rundpinsel, Größe 2, die Augen in Merlingrün betonen, dabei dichte, fransige Wimpern aufmalen (DVD ▸▸▸ Pirat). Ebenfalls in Merlingrün Ranken und Blätter zwischen den Blüten auftragen.

3 Die Lippen mit dem Rundpinsel, Größe 2, in Perlglanz-Pink schminken und, sobald die Farbe trocken ist, mit Weiß die Zähne aufmalen.
Die Blüten mit einem feinen Rundpinsel, Größe 1 oder 2, türkis umranden und die gesamte Maske mit feinen Strichen in Dunkelgrün konturieren. Auch die Rankenblätter, die Nase, die Schnurrhaare und die Konturen der Lippen mit Dunkelgrün malen.
Mit einem in sauberes Wasser getauchten Pinsel zuerst punktuell smaragdgrünen Glitzer auf die grünen Konturen auftupfen und anschließend, ebenfalls mit einem sauberen, angefeuchteten Pinsel, Juwel-Glitzer auftupfen.

Tipp: Malen Sie die Zähne der Katze erst nachträglich auf die zuvor geschminkten Lippen. Würden Sie umgekehrt zuerst die Zähne malen, dauerte es länger und es wäre schwieriger, sozusagen um die Zähne herum die Lippen zu schminken.

KLEINER DINO

→ echt stark!

SCHWIERIG-KEITSGRAD

●●○

MATERIAL

- wasserlösliche Schminkfarbe in Hexengrün, Türkis, Weiß, Hellrot, Dunkelgrün und Schwarz
- Glitzer in Frosted Green
- Profischwämmchen
- Rundpinsel, Größe 3
- evtl. Flachpinsel, Größe 4

1 Mit einer Profischwämmchenhälfte über Stirn und Nase sowie die untere Gesichtshälfte die Grundierung in Hexengrün auftragen.

2 Mit dem Flachpinsel oder einer Schwämmchenkante auf beiden Seiten seitlich der Nase bis über die oberen Augenlider mit Türkis schattieren.
Ebenfalls in Türkis nun kleine Hörner auf Stirn und Wangen auftragen, die anschließend auf einer Seite kleine weiße Aufhellungen erhalten.
Mit der Schwämmchenkante das Maul des Dinos in Hellrot grundieren und darauf mit einem Rundpinsel, Größe 3, die weißen Zähne malen. Die Zähne nicht einzeln aufmalen, sondern oben wie an einer Schiene zusammenhängen lassen, damit das Gebiss wuchtiger erscheint.

3 Mit einem dünnen Rundpinsel, Größe 3, in Dunkelgrün Konturen um die Grundierung auf der Stirn und um die Hörner auftragen. Um die Hörner etwas wulstiger aussehen zu lassen, die Farbe am Hornansatz etwas breiter auftragen.
Auch oberhalb der aufgemalten Zähne eine dunkelgrüne Linie ziehen und über die Nasenlöcher dunkelgrüne Dreiecke malen.
Abschließend die Zähne schwarz umranden und auch den Hörnern mit ein paar schwarzen Strichen etwas Tiefe verleihen. Zuletzt den Glitzer in Frosted Green mit einem zuvor in Wasser getauchten Pinsel aufrollen.

Tipp: **Wem es schwer fällt, die dargestellte Grundierung mit einem Schwämmchen zu malen, kann mit einem Pinsel die Konturen vorzeichnen.**

SCHMETTERLING

→ im Mosaik-Stil

SCHWIERIGKEITSGRAD

● ● ○

MATERIAL

- wasserlösliche Schminkfarbe in Smaragdgrün, Sonnengelb, Hellrot, Goldenorange, Meeresblau, Schwarz, Weiß und Königsrot
- Silber-Juwel-Glitzer (grob) und Glitzer in Gold
- Rundpinsel, Größe 2

1 Mit einem Rundpinsel, Größe 2, im Mosaikstil nach Belieben verschiedene Farben schmetterlingsflügelförmig um die Augen auftragen.

2 Den Schmetterling in Schwarz konturieren, dabei die Konturenlinie unterschiedlich stark ziehen. Jedes Farbfeld schwarz umranden und zwischen den Flügeln einen schwarzen Schmetterlingskörper zeichnen. Besonders elegant sieht es aus, wenn zwischen dem Körper und den Flügeln ein Zwischenraum ist. Ebenfalls mit Abstand die Fühler anzeichnen (DVD ▸▸▸ Schmetterling).
Mit der Pinselspitze beliebig über die Maske verteilt weiße Punkte setzen. Die Lippen in Königsrot schminken.
Zuletzt mit einem sauberen, in Wasser getauchten Pinsel Juwel-Glitzer aufrollen und goldenen Glitzer auf die Lippen auftragen.

Tipp: **Es erleichtert das Arbeiten, wenn Sie zuvor mit einer dünnen, weißen Linienführung die Schmetterlingskontur vorzeichnen. Wenn Sie einen Strich unter den unteren Wimpernrand setzen möchte, sollte das Model bei geöffneten Augen noch oben schauen.**

FEUERFALTER

→ ich flieg auf dich!

SCHWIERIG-
KEITSGRAD

●●●

MATERIAL

- wasserlösliche Schminkfarbe in Sonnengelb, Goldenorange, Hellrot und Schwarz
- Glitzer in Gelb, Orange, Rot und Gold-Juwel-Glitzer (grob)
- Kosmetik-, Schmink- und/oder Profischwamm
- Rundpinsel, Größe 2 und 3

1 Mit einer feuchten Schwämmchenhälfte (vorzugsweise eine Profischwämmchenhälfte wegen der Rundungen der Schmetterlingsflügel) wellenförmig die Konturen der Flügel in Sonnengelb auftragen, anschließend die freien Stellen im Flügel ausfüllen (DVD ▸▸▸ Schmetterling).

2 Mit einem Schnittkantenende einer Schwämmchenhälfte erst Goldenorange, mit dem anderen Ende anschließend Hellrot auftragen.
Dann mit dem Schwämmchen die Farbverläufe – ausnahmsweise – von außen nach innen schraffieren.
Nun vorsichtig mit der Kante eines feinporigen Schwämmchens, das nicht zu feucht ist, vorsichtig und ohne viel Druck schwarze Striche senkrecht auf die rote Farbe auftragen.

3 Mit einem dünnen Rundpinsel, z. B. Größe 2 oder 3, den Schmetterling schwarz umranden und zwischen den beiden Flügeln an der Nasenwurzel den Körper des Schmetterlings zeichnen.
Schöner und weicher wirkt die Kontur an den Flügeln, wenn man sie jetzt mit einer sauberen, ganz leicht angefeuchteten Schwämmchenhälfte von außen nach innen zieht und sanft auslaufen lässt.
Mit einem dünnen Pinsel, z. B. Größe 2, in Schwarz feinste wellenförmige Linien auftragen und die Fühler zeichnen. Nach Belieben die Augen schwarz umranden.
Zum Schluss von innen nach außen, bei Sonnengelb beginnend, Glitzer auftragen. Verwenden Sie die passende Glitzerfarbe zur aufgemalten Farbe. Auf die schwarze Farbe Gold-Juwel-Glitzer auftragen.

Tipp: Da dieser Falter aus zwei Flügeln besteht – also keine vier Flügelteile hat, wie sonst oft – grundieren Sie die Flügel großflächig. Die unterste Farbe kann dann mit der darüberliegenden Farbe fließend ineinander verwischt werden, am besten mit einem Schwamm.

MIEZEKATZE

→ mit niedlicher Schleife

SCHWIERIG-KEITSGRAD

● ○ ○

MATERIAL

- wasserlösliche Schminkfarbe in Weiß, Fuchsiapink und Schwarz
- Silber-Juwel-Glitzer (mittel)
- Profischwamm
- Rundpinsel, Größe 2, 3 und 4

1 Mit der angefeuchteten Profischwammhälfte schmetterlingsflügelförmig in Weiß um die Augen herum grundieren (DVD ▸▸▸ Schmetterling). Anschließend Weiß, ebenfalls großflächig, um die obere Mundpartie herum und auf der Nase auftragen.

2 Mit dem Rundpinsel, Größe 4, (geübte Face-Painter können auch den Profischwamm benutzen) in Form einer Schleife Fuchsiapink auf die Stirn auftragen, so dass beide „Flügelseiten" ein Stück davon bedeckt sind.
Die Lippen mit einem Rundpinsel, Größe 2, ebenfalls fuchsiapink schminken.

3 Mit einem dünnen Rundpinsel, Größe 2 oder 3, nun vorsichtig aber schwungvoll die Konturen um die Schleife und die weißen Grundierungen ziehen.
Die Schleife bekommt eine bauschige Optik, indem auf jeder Seite drei gebogene, schwarze Linien fein aufgetragen werden.
Die Augen mit Schwarz umranden, das Näschen erhält einen schwarzen Punkt und oberhalb der Schleife sowie links und rechts des Schnäuzchens werden feine Härchen aufgetragen (DVD ▸▸▸ Tiger). Ein paar weiße Striche den Härchen anfügen und ein paar schwarze Punkte auf das Katzenschnäuzchen tupfen – fertig ist die „Katze mit Schleife". Wer will, kann noch etwas Silber-Juwel-Glitzer aufstreuen.

Tipp: Wenn man einen Strich unter den unteren Wimpernrand setzen möchte, sollte das Model bei geöffneten Augen nach oben schauen.

LOTS OF SPOTS

→ sexy glitzernder Leopard

SCHWIERIGKEITSGRAD

● ○ ○

MATERIAL

- wasserlösliche Schminkfarbe in Perlglanz-Bronze, Perlglanz-Gold, Perlglanz-Kupfer und Dunkelbraun
- Glitzer in Kupfer
- Kosmetik- oder Schminkschwamm
- Rundpinsel, Größe 3
- Katzenzungenpinsel, Größe 4

1 Mit einer feinporigen Schwämmchenhälfte in Perlglanz-Bronze und Perlglanz-Gold Stirn und Nasenrücken grundieren.
Mit einem Rundpinsel, Größe 3, in Perlglanz-Bronze die Lippen und in Perlglanz-Kupfer die Augen nach oben aufsteigend und in Richtung Nase betonen.

2 Mit einem Katzenzungenpinsel, Größe 4, vom Haaransatz über die Stirn bis zur Nasenspitze immer kleiner werdende dunkelbraune Punkte auftragen.
Auch auf die Lippen Punkte malen.
Augen und Lippen in Dunkelbraun konturieren.

3 Mit einem feuchten Pinsel kupferfarbenen Glitzer punktuell auf die Augen und die Punkte auftragen.

Tipp: Auf dem Titelbild sehen Sie eine Variante des Leoparden. Auch Wangen und Kinn wurden mit Perlglanz-Bronze und Perlglanz-Gold grundiert und zwischen Nase und Mund eine transparente weiße Grundierung aufgetragen. Punkte auf Wangen und Kinn und Barthaare in Dunkelbraun und Perlglanz-Kupfer machen die Raubkatze perfekt.
Selbstverständlich können Sie diese Maske auch – nicht glänzend – mit Standard-Farben realisieren. Wir meinen jedoch, dass der Charme dieser Maske durch die Wahl der glänzenden Spielart des jeweiligen Farbtons wesentlich verstärkt wird. Finden Sie nicht auch?

TIGERKATZE

→ Wildlife für Karneval und Party

**SCHWIERIG-
KEITSGRAD**

● ○ ○

MATERIAL

- wasserlösliche Schminkfarbe in Weiß, Schwarz und Perlglanz-Orange
- Glitzer in Perlmutt und Silber-Juwel-Glitzer (grob)
- Kosmetik- oder Schminkschwamm
- Rundpinsel, Größe 3, 4 und 5
- evtl. Katzenzungenpinsel, Größe 4

1 Mit einer angefeuchteten Schwämmchenhälfte weiße Flächen auf beiden Seiten der oberen Augenpartie bis zur Schläfe, spitz zulaufend, auftragen. Um den Mund herum ebenfalls eine transparente weiße Grundierung aufbringen.
Das übrige Gesicht mit Perlglanz-Orange grundieren.

2 Mit einem dünnen Rundpinsel, Größe 3, von innen nach außen auf der Stirn schwungvolle weiße Linien auftragen und zwar zwei große außen und zwei kleine innen. Die Schnurrhaare auf beiden Wangen, je zwei nach oben und zwei nach unten zeigend, aufzeichnen (DVD ▸▸▸ Tiger).
Ein paar kleinere weiße Striche am Kinn platzieren.

3 Mit einem Rundpinsel mittlerer Größe, z. B. Größe 4 oder 5, oder einem Katzenzungenpinsel, Größe 4, nun in Schwarz flügelförmig die Augen umranden. Wichtig: Die Spitzen sollten immer nach oben zeigen, dadurch entsteht ein dynamischer und kraftvoller Eindruck.
Nasenspitze und Lippen in Schwarz kolorieren und durch einen Strich verbinden.
Links und rechts vor die Schnurrhaare ein paar schwarze Punkte setzen.
Noch jedem weißen Strich einen schwarzen Strich hinzufügen; durch diesen Kontrast wird die Mimik auf der Wange stark geprägt.
Zum Schluss wenig Perlmutt-Glitzer über das ganze Gesicht streuen und mit einem feuchten Pinsel punktuell Juwel-Glitzer auftragen.

Tipp: Um zusätzlichen Glamour zu erreichen, können Sie mit einem trockenen Schwämmchen Perlglanzpuder in Stardust-Silber über die komplette Grundierung tupfen.

ZUCKERSCHNECKCHEN

→ zum Anbeißen süß

SCHWIERIG-KEITSGRAD

●●●

MATERIAL

- wasserlösliche Schminkfarbe in Türkis, Hexengrün, Weiß, Smaragdgrün, Hellpink, Hellrot, Schwarz, Fuchsiapink und Perlglanz-Orange
- Glitzer in Perlmutt, Smaragdgrün, Himmelblau und Gold-Juwel-Glitzer (grob)
- Kosmetik- oder Schminkschwamm
- Rundpinsel, Größe 2 und 3

1 Mit einem feinporigen Schwamm die äußeren Gesichtshälften bis zu den Wangen in Türkis grundieren; auf einer Seite bis zur Kinnspitze Hexengrün auftragen. Etwas Glitzer in Himmelblau aufstreuen.

2 Auf die grüne Grundierung mit dem Rundpinsel, Größe 3, die Form eines Schneckenhauses in Perlglanz-Orange sowie ein paar weiße Blüten und Grashalme in Smaragdgrün aufzeichnen. Den Kopf der Schnecke mit Hellpink malen.
Auf der anderen Seite mit Weiß ein paar Blüten aufmalen und sie mit Smaragdgrün rankenartig verbinden. Um die Ranken einige Blätter malen.

3 Auf die orangefarbene Grundierung des Schneckenhauses mit dem Rundpinsel, Größe 2, Tupfer in Hellrot aufsetzen.
Die Blüten in leuchtendem Hellpink verzieren und die Schnecke schwarz umranden. Die Umrandung bis in die Mitte des Schneckenhauses spiralförmig auslaufen lassen. Auch Gesicht und Fühler in Schwarz malen.
Ranken und Blüten konturieren, aber nicht durchgehend, sondern mit kleinen Lücken, und winzige schwarze Striche zwischen die grünen Halme setzen. Die Lippen in Fuchsiapink betonen.
Mit einem feuchten Pinsel auf Blätter und Ranken Glitzer in Smaragdgrün und punktuell Gold-Juwel-Glitzer auftragen. Zum Schluss Glitzer in Perlmutt auf Nasenrücken und Mund auftragen.

An Karneval erreicht die Lust am Sich-Verwandeln ihren Höhepunkt. Für jeden halten wir die richtige Maske bereit: Hier tummeln sich ein großer und ein kleiner Clown, der Chinese aus dem fernen Osten, venezianisch anmutende und glamouröse Masken für Schönheiten der Nacht, ein lustig-verträumtes Schleckeis, die Herzensbrecher Partylöwe und Don Juan, ein großer und ein Mini-Hippie sowie zwei gefährliche Seeräuber. Garantiert Rosenmontagsball-tauglich!

KARNEVAL

ZIRKUSCLOWN

→ immer wieder schön

SCHWIERIG-KEITSGRAD

● ○ ○

MATERIAL

- wasserlösliche Schminkfarbe in Hautton TV 4 oder TV 6, Weiß, Rot, Hellrot und Schwarz
- Kosmetik- oder Schminkschwamm und Profischwamm
- Rundpinsel, Größe 2 und 3

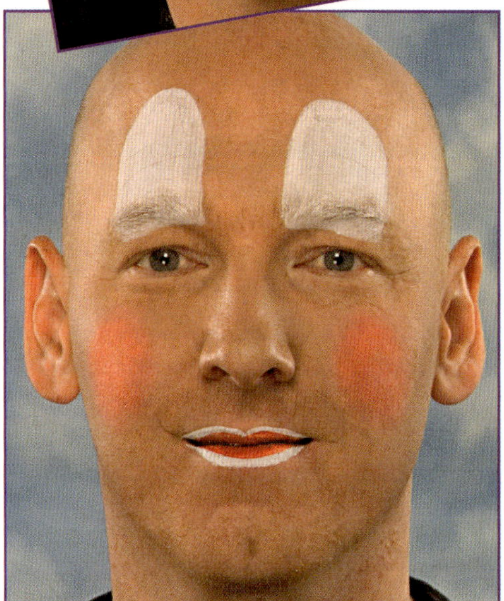

1 Mit einem feinporigen Schwamm über das ganze Gesicht den Hautton TV 4 oder TV 6 auftragen, je nachdem ob Sie einen helleren oder einen dunkleren Teint bevorzugen (DVD ▸▸▸ Pirat).

2 Mit einer Profischwammhälfte zwei weiße Rundungen über dem Auge – von unterhalb der Augenbrauen bis zur Stirn – aufmalen.
Die roten Apfelbäckchen entstehen, indem eine Seite der mit roter Farbe betupften Schwämmchenhälfte einmal auf jeder Wangenseite aufgesetzt und nach links und rechts gedreht wird.
Mit einem Rundpinsel, Größe 2, die Lippen zum Mundinneren hin dünn mit Hellrot ausmalen. Dann die hellrote Fläche weiß umranden, bis die Lippen vollständig in ihrer natürlichen Größe koloriert sind.

3 Mit einem dünnen Rundpinsel, Größe 2 oder 3, die weiße Grundierung über den Augen und die Lippen schwarz umranden. Unter jedem Auge einen senkrechten Strich in Schwarz setzen. Genauso auf den weißen Rundungen verfahren, nur wird hier noch jeweils ein Punkt über dem Strich aufgesetzt.
Mit schwarzer Farbe eine Linie am unteren Wimpernrand auftragen (das Model dabei nach oben schauen lassen) und ebenfalls in Schwarz ein paar nach oben aufsteigende Lachfältchen in den Augenwinkeln und links und rechts der Mundwinkel malen.

Tipp: Der Clown wird vervollkommnet, indem Sie ihm mit Mastix ein Band aus orangefarbenem Wollkrepp ankleben, siehe Seite 13. Hat Ihr Model nicht eh schon eine Glatze, bekommen Sie Latexglatzen zum Aufsetzen und Ankleben im Theaterbedarf.

WÖLKCHENCLOWN

→ mit Regenbogen

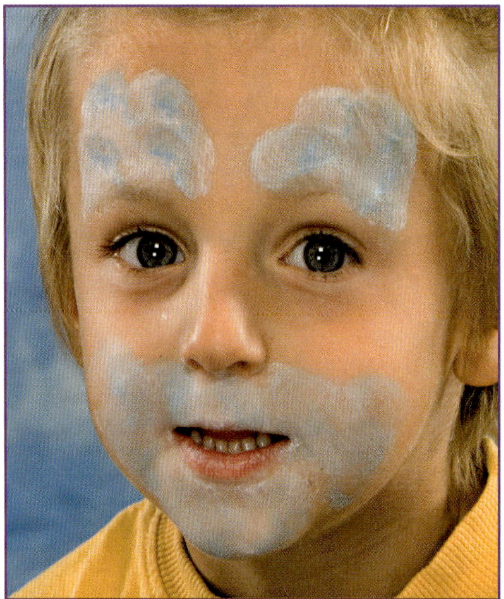

SCHWIERIG-KEITSGRAD

●●○

MATERIAL

- wasserlösliche Schminkfarbe in Weiß, Türkis, Meeresblau, Rot, Lila, Türkis, Smaragdgrün und Gelb
- Glitzer in Perlmutt und Silber-Juwel-Glitzer (grob)
- Kosmetik- oder Schminkschwamm
- Rundpinsel, Größe 3

1 Mit einer feuchten Schwämmchenhälfte wölkchenförmig (also den Schwamm aufsetzen und drehen) zuerst in Weiß und darüber Türkis über den Augenbrauen bis zur Stirn und um den Mund herum grundieren.

2 Mit einem dünnen Rundpinsel, Größe 3, die Lippen in Meeresblau kolorieren.
Mit demselben Pinsel – von einem Wölkchen unterbrochen – den Regenbogen in Rot, Lila, Türkis, Smaragdgrün und Gelb aufmalen.

3 Über die komplette Maske Perlmutt-Glitzer streuen.
Die Wölkchen in Meeresblau konturieren und auf der Seite ohne Regenbogen kleine Lachfältchen in die Augenwinkel zeichnen. Auf die Nasenspitze einen roten Punkt setzen.
Zum Schluss mit einem feuchten Pinsel Juwel-Glitzer auf alle geschminkten Stellen aufrollen.

CHINESE

→ direkt aus dem Land des Lächelns

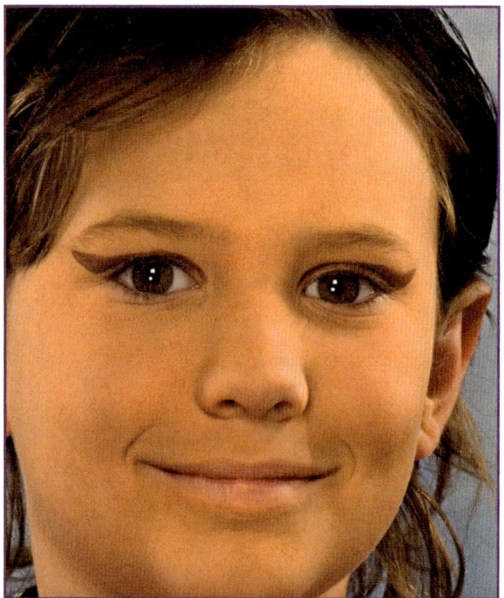

SCHWIERIG-KEITSGRAD

● ○ ○

MATERIAL

- wasserlösliche Schminkfarbe in Ocker, Kupfer, Schwarz und Rostbraun
- Kosmetik- oder Schminkschwamm
- Rundpinsel, Größe 2 und 3

1 Das ganze Gesicht mit einem feinporigen Schwamm in Ocker grundieren (DVD ▸▸▸ Pirat). Mit einem dünnen Rundpinsel, Größe 2, die oberen Augenlider in Kupfer betonen.

2 Mit demselben Pinsel in Schwarz oberhalb der Augenbrauen übertrieben geschwungene Augenbrauen auftragen. Unter die Augen einen schwarzen Strich malen, der an den Augenwinkeln hoch gezogen wird. Dabei das Model nach oben schauen lassen. Die Lippen mit einem Rundpinsel, Größe 3, mit Rostbraun betonen.

3 Mit einem dünnen Pinsel je ein chinesisches Schriftzeichen in Schwarz auf beide Wangenseiten malen.

Tipp: Bei Bedarf können Sie die Haare mit einer in schwarze wasserlösliche Farbe getauchten Zahnbürste kolorieren.

VENEZIA

→ mit der Gondel über den Canal Grande

SCHWIERIGKEITSGRAD

●●○

MATERIAL

- wasserlösliche Schminkfarbe in Perlglanz-Pink, Weiß und Schwarz
- Perlglanz-Effekt-Puder in Stardust Silber und Perlmutt Violett
- Glitzer in Candy Pink und Silber-Juwel-Glitzer (grob)
- Streusternchen in Silber
- Kosmetik-, Schmink- oder Profischwamm
- Rundpinsel, Größe 2

1 Mit einer angefeuchteten Schwämmchenhälfte (vorzugsweise einer Profischwammhälfte) das Gesicht im Stile einer venezianischen Maske, also in Form einer liegenden Acht, in Perlglanz-Pink grundieren. Mit der Ecke eines trockenen Schwämmchens in den Augenwinkeln Perlglanzpuder in Perlmutt Violett auftragen. Mit einem trockenen Schwamm Perlglanzpuder in Stardust Silber über die Maske verteilen. Etwas Glitzer in Candy Pink über die Grundierung streuen.

2 Mit einem dünnen Rundpinsel, beginnend in der Mitte des Nasenrückens, das abgebildete Ornament in Weiß auftragen.
Nun ebenfalls mit Weiß auf beiden Seiten der Maske Sterne und links und rechts der Augenwinkel drei sich nach innen verjüngende Striche zur Stirn aufsteigend auftragen.

3 Mit Perlglanz-Pink alle Sterne, Striche und das Ornament schattieren. Dafür einen dünnen Rundpinsel, Größe 2, verwenden. Nun Sterne, Striche und das Ornament mit Schwarz konturieren und die Sterne durch schwarze Schnörkel verbinden.
Einen sauberen Pinsel ins Wasser tauchen und anschließend in Juwel-Glitzer und den Glitzer vorsichtig als Highlight auftupfen. Ebenfalls mit einem sauberen feuchten Pinsel einige Streusternchen an die äußeren und inneren Augenwinkel setzen.

**Tipp: Die Maske wirkt noch glamouröser, wenn die Haare mit Glitzerspray eingesprüht werden.
Das Ornament auf der Stirn können Sie ganz nach Belieben abwandeln.**

MOULIN ROUGE

→ lass uns tanzen gehen

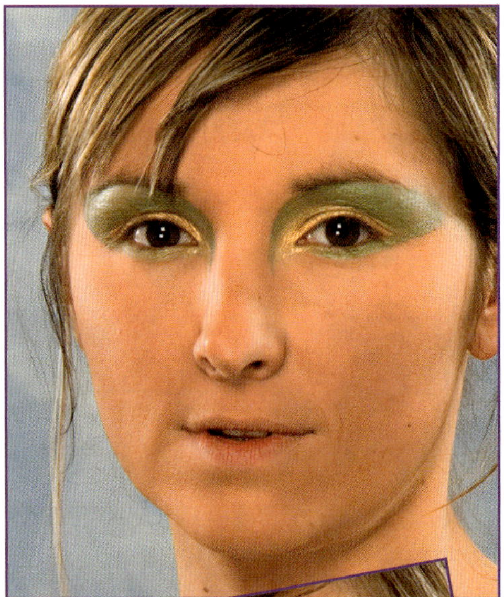

SCHWIERIGKEITSGRAD

●●○

MATERIAL

- wasserlösliche Schminkfarbe in Hautton TV 6, Hellrot, Weinrot, Schwarz, Perlglanz-Gold und Perlglanz-Grün
- evtl. Perlglanz-Effekt-Puder in Schwarz, Pharaonengold und Smaragdgrün
- Kosmetik- oder Schminkschwamm
- evtl. Latexkeil
- Rundpinsel, Größe 3
- Katzenzungenpinsel, Größe 4

1 Mit einem feinporigen Schwämmchen den Hautton TV 6 über das ganze Gesicht auftragen (DVD ▸▸▸ Pirat).
Die Oberlider mit einem Rundpinsel, Größe 3, mit wasserlöslicher Schminkfarbe in Perlglanz-Gold oder Perlglanzpuder in Pharaonengold betonen. Das Gold an den inneren Augenwinkeln etwas „vorbeilaufen" lassen.
Nun oberhalb der goldenen Farbe mit dem Rundpinsel, Größe 3, oder einem Latexkeil bis zu den Augenbrauen Perlglanz-Grün oder Perlglanzpuder in Smaragdgrün auftragen.

2 Die Lippen mit einem Katzenzungenpinsel, Größe 4, in Hellrot schminken. Anschließend von der Mitte der Lippen aus nach außen Weinrot auftragen und die Lippen mit Schwarz konturieren.
Mit Perlglanzpuder in Schwarz oder alternativ einem kaum angefeuchteten Pinsel und schwarzer wasserlöslicher Farbe die Augenbrauen betonen.

LIDO

→ einmal Diva sein!

SCHWIERIG-KEITSGRAD

●●○

MATERIAL

- wasserlösliche Schminkfarbe in Türkis, Meeresblau und Perlglanz-Bronze
- Glitzer in Blau und Gold-Juwel-Glitzer (mittelgrob)
- Katzenzungenpinsel, Größe 8
- Rundpinsel, Größe 3

1 Mit einem Katzenzungenpinsel, Größe 8, eine türkisfarbene Grundierung wie abgebildet im Stile einer venezianischen Maske über die Augen bis zur Stirn hin auftragen.
Die Augen mit einem Rundpinsel, Größe 3, mit Perlglanz-Bronze betonen.

2 Die komplette Maske mit demselben Rundpinsel meeresblau konturieren.
In der Mitte der Stirn bis über die Nasenwurzel eine Raute malen.
Oberhalb der Maske ein paar Schnörkel in Türkis platzieren.

3 In der Mitte der türkisfarbenen Raute mit dem Rundpinsel eine kleinere Raute in Perlglanz-Bronze auftragen. Anschließend entlang der blauen Kontur außen eine zusätzliche Kontur in Perlglanz-Bronze auftragen.
Die Lippen ebenfalls mit dem Rundpinsel in Perlglanz-Bronze schminken und an die türkisfarbenen Schnörkel noch weitere Schnörkel in Perlglanz-Bronze anfügen. Ein paar Punkte in Perlglanz-Bronze auf die türkisfarbene Grundierung setzen und die Lippen abschließend in Meeresblau konturieren.
Auf die blaue Farbe blauen Glitzer und auf die bronzefarbenen Stellen Juwel-Glitzer auftragen.

KÖNIGIN DER NACHT

→ nicht nur was für die Oper

SCHWIERIG-KEITSGRAD

●●○

MATERIAL

- wasserlösliche Schminkfarbe in Nachtblau, Weiß, Hellgelb und Schwarz
- Glitzer in Meeresblau und Gold-Juwel-Glitzer (grob)
- Profischwamm
- Rundpinsel, Größe 2 oder 3

1 Mit einer angefeuchteten Profischwämmchenhälfte auf beide Geschichtshälften Nachtblau in Schmetterlingsform auftragen (DVD ▸▸▸ Schmetterling). Dabei die Ränder nach außen weich auslaufen lassen.

2 Am besten mit einem dünnen Rundpinsel, z. B. Größe 3, auf die Grundierung weiße Schnörkel malen. Mit Hellgelb auf die Stirnmitte Mond und Sterne aufmalen.

3 Im letzen Schritt mit einem dünnen Rundpinsel, z. B. Größe 2 oder 3, schwarze Schnörkel an die weißen Schnörkel anfügen. Mond und Sterne nachtblau umranden.
Die Lippen mit Nachtblau schminken.
Mit einem feuchten Pinsel punktuell den Glitzer in Meeresblau auf die blauen Stellen, dann Juwel-Glitzer auf die hellen Stellen auftupfen.

Tipp: Besonders stimmig sieht es aus, wenn Sie den Glitzer auch im Haar verteilen. Dazu einfach den Glitzer mit einem feuchten Pinsel aufs Haar auftragen und mit Haarspray fixieren.

SCHLECKEIS

→ für kleine Leckermäuler

SCHWIERIGKEITSGRAD

●●○

MATERIAL

- wasserlösliche Schminkfarbe in Goldgelb, Gelb, Türkis, Fuchsiapink, Tannengrün, Schwarz, Weiß und Rostbraun
- Glitzer in Perlmutt
- Katzenzungenpinsel, Größe 6 oder 8
- Rundpinsel, Größe 2

1 Mit einem Katzenzungenpinsel, Größe 6 oder 8, auf eine Wangenseite die Form einer Eiswaffel in Goldgelb auftragen.
Mit Gelb, Türkis und Fuchsiapink drei Bällchen Eis oben in die Waffel und zwei Eisbällchen in Gelb und Tannengrün auf die andere Wangenseite malen.
Nun, ebenfalls mit einem Katzenzungenpinsel, Größe 6 oder 8, in Weiß auf jeder Seite ein Sahnehäubchen über die Augen bis hoch zur Stirn auftragen.

2 Eiswaffel, Eisbällchen und Sahnehäubchen schwarz konturieren; dazu am besten einen Rundpinsel der Größe 2 verwenden.

3 Wiederum mit dem dünnen Rundpinsel in die Eisbällchen schwarze lachende Gesichter malen und mit ein paar Strichen Rauten auf die Eistüte zeichnen.
Entlang der schwarzen Striche auf der Eistüte ein paar dünne Striche in Rostbraun setzen und die Lippen in Fuchsiapink schminken.
Nun mit der Pinselspitze in den Farben der Eiskugeln bunte Zuckerkügelchen auf die Sahnehäubchen tupfen.
Zum Schluss Perlmutt-Glitzer über das ganze Gesicht streuen.

PARTYLÖWE

→ dem liegen die Mädels zu Füßen

SCHWIERIG-KEITSGRAD

●●●

MATERIAL

- wasserlösliche Schminkfarbe in Ocker, Hellbeige, Weiß, Schwarz, Dunkelgrau und Rot
- Kosmetik- oder Schminschwamm
- Rundpinsel, Größe 2 und 4

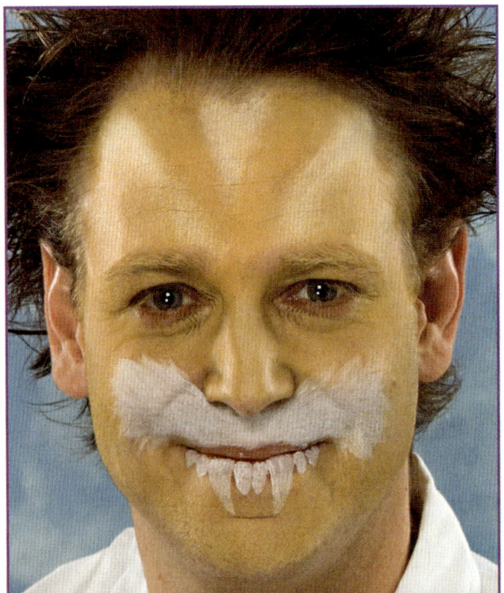

1 Das ganze Gesicht mit einer feuchten Schwämmchenhälfte in Ocker grundieren. Die Gesichtshälften beidseitig in Hellbeige schattieren, beginnend an den inneren Augenbrauen bis zum Stirnansatz und wieder hinunter bis zu den äußeren Augenbrauen sowie dreieckförmig mit der Spitze nach unten auslaufend auf der Mitte der Stirn.
Mit einem Schwämmchen und weißer Farbe über der Oberlippe bis hin zu den Wangen grundieren und mit einem dünnen Rundpinsel, Größe 2, Zähne auf der Unterlippe bis zur Kinnfalte aufmalen.

2 Mit einem Rundpinsel, Größe 4, die Augen schwarz umranden und sie in Richtung Schläfen betonen; die Ränder dürfen dabei auch wellenförmig werden.
Mit einem leicht angefeuchteten Schwämmchen entlang beider Nasenflügel und an den äußeren Gesichtshälften dunkelgraue Schatten auftragen.
Ebenfalls in Grau mit einem dünnen Pinsel, Größe 2, an der Kinnpartie feine Striche von außen nach innen malen.
Feine, ebenfalls graue Linien entlang der leichten Aufhellungen auf der Stirn ziehen.

3 Mit einem dünnen Rundpinsel, Größe 2, entlang der grauen Falten schwarze Farbe auftragen und die Maske fellartig konturieren, auch die weiße Grundierung über Oberlippe und Mundwinkeln sowie die Zähne. Ein paar schwarze Punkte mit der Pinselspitze auf die weiße Grundierung setzen.
Mit einem Rundpinsel rote Lippenstiftabdrücke, beliebig platziert, aufstricheln. Zum Schluss die Lippen und die Nasenspitze mit Schwarz kolorieren.

DON JUAN

→ kleiner Herzensbrecher

SCHWIERIGKEITSGRAD

● ○ ○

MATERIAL

- wasserlösliche Schminkfarbe in Hautton TV 6, Hellbraun und Schwarz
- Kosmetik- oder Schminkschwamm
- Rundpinsel, Größe 2

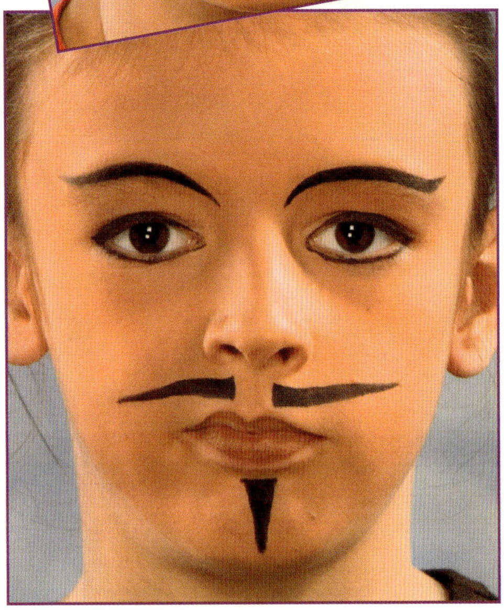

1 Das Gesicht in einem mittleren Hautton grundieren, z. B. TV 6. Die Grundierung mit einem feinporigen Schwämmchen tupfend auftragen, damit sie ganz gleichmäßig wird. Um die Grundierung unter dem Auge aufzutragen, das Model beim Auftragen der Farbe nach oben schauen lassen (DVD ▸▸▸ Pirat).

2 Die Augen betonen, indem die oberen Augenlider bis zu den Augenbrauen mit Hellbraun geschminkt werden.
Mit einem Pinsel, Größe 2, am unteren Wimpernrand eine schwarze Linie ziehen, dabei das Model nach oben schauen lassen. Am oberen Lid einen Lidstrich setzen.
Dünne geschwungene Augenbrauen in Schwarz auftragen. Ebenfalls mit Schwarz den Oberlippen- und den spitzen Kinnbart aufzeichnen.

Tipp: **Diese Maske besteht nur aus wenigen Komponenten. Umso wichtiger ist die gezielte Platzierung der einzelnen Charakter-Elemente auf dem Gesicht. Daher ist diese Maske ein besonders anschauliches Beispiel für den allgemeinen Grundsatz beim Schminken: Erst planen – dann malen.**

MINI-HIPPIE

→ süßes Herzchengirl

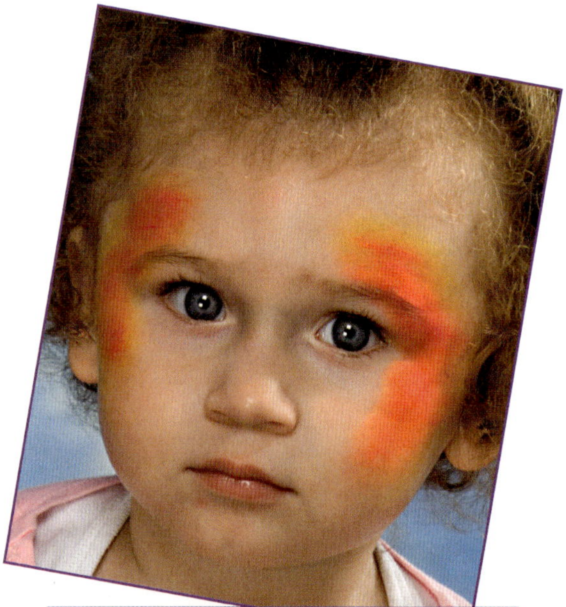

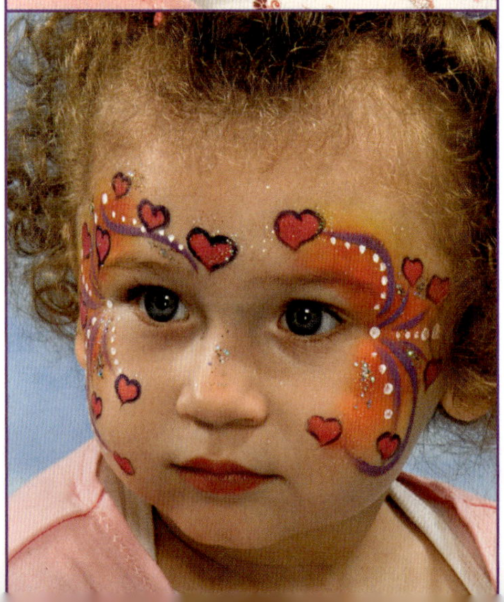

SCHWIERIG-KEITSGRAD

● ○ ○

MATERIAL

- wasserlösliche Schminkfarbe in Fuchsiapink, Goldenorange, Gelb, Lila, Hell-rot, Weiß und Perlglanz-Lila
- Silber-Juwel-Glitzer (grob)
- Kosmetik- oder Schminkschwamm
- Rundpinsel, Größe 3

1 Mit einer Schwämmchenhälfte asymmetrisch beide Gesichtshälften links und rechts der äußeren Augenwinkel – übereinander schraffiert – in Gelb, Goldenorange und Fuchsiapink grundieren.

2 Nun mit einem Rundpinsel, Größe 3, beliebig viele Herzchen in Fuchsiapink aufmalen.
Von den Augenwinkeln aus in Lila gezogene Linien – je eine zu einem Herzchen – auftragen.

3 Die Lippen hellrot schminken und die Herzchen mit Perlglanz-Lila konturieren.
Mit der Pinselspitze weiße Punkte entlang der lila-farbenen Linien auftragen.
Mit einem feuchten Pinsel Juwel-Glitzer aufrollen.

Tipp: Diese Maske ist auch für sehr, sehr junge Schminkmodels geeignet, da sie mit nur ein, zwei Herzchen beginnen kann und das Motiv dann beliebig erweiterbar ist. Eine Tatsache, die der Geduld der kleinen Models nicht selten entscheidend entgegenkommt.

HIPPIE

→ passend zum Kind

SCHWIERIGKEITSGRAD

●●○

MATERIAL

- wasserlösliche Schminkfarbe in Fuchsiapink, Türkis, Meeresblau, Schwarz, Lila, Gelb, Weiß und Perlglanz-Orange
- Silber-Juwel-Glitzer (grob)
- Kosmetik- oder Schminkschwamm
- Rundpinsel, Größe 2

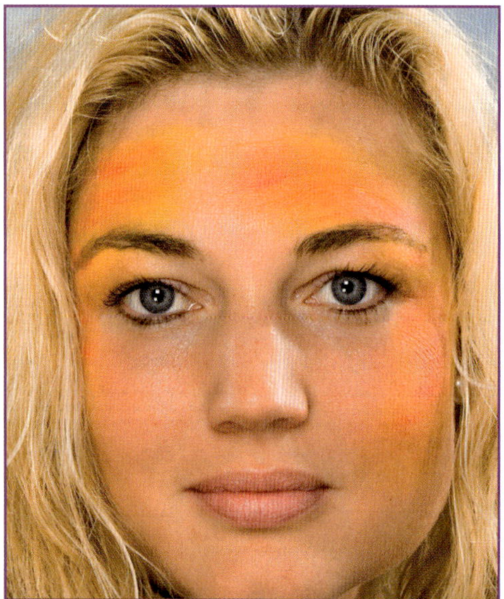

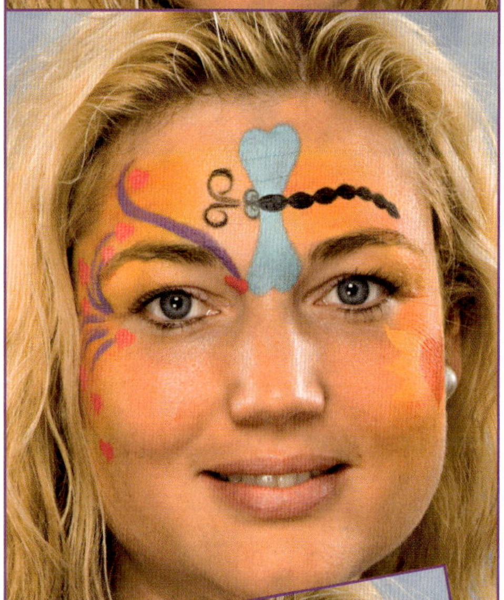

1 Zunächst mit einer Schwämmchenhälfte die beiden Gesichtshälften von den Wangen hoch zur Stirn schraffierend in Perlglanz-Orange und Fuchsiapink grundieren.

2 Mit einem dünnen Rundpinsel, Größe 2, die türkisfarbenen Libellenflügel und den schwarzen Libellenkörper aufmalen. Die Fühler nicht vergessen.
Anschließend ein großes Herz in Fuchsiapink auf die eine Wangenseite und kleinere Herzen verteilt auf die andere Wangenseite auftragen.
Mit Lila leicht gebogene Linien von innen nach außen, die Herzen verbindend, ziehen und in Gelb flammenartige Flügel links und rechts des großen Herzens aufmalen.

3 Auf die Libellenflügel und auf den Körper weiße Highlights auftragen und mit Meeresblau den Flügeln optisch Struktur verleihen. An die lilafarbenen Linien weiße Punkte als Verzierungen setzen.
Mit schwarzer Farbe alle Motive konturieren und ins Herz auf die rote Grundierung innen in Schwarz noch ein Herz malen. Nicht ausmalen, sondern in der Mitte eine zweigeteilte Linie aufzeichnen.
Mit einem sauberen Pinsel, kurz in Wasser getaucht, vorsichtig Juwel-Glitzer aufrollen. Abschließend noch etwas Fuchsiapink mit dem Rundpinsel auf die Lippen geben.

Tipp: Beim Aufschraffieren der Grundierung den Schwamm nicht zu sehr anfeuchten.

SEERÄUBER

→ Vorsicht, gefährlich!

SCHWIERIGKEITSGRAD

●○○

MATERIAL

- wasserlösliche Schminkfarbe in Hautton TV 8, Anthrazit, Schwarz, Dunkelbraun und Weiß
- Kosmetik- oder Schminkschwamm
- Profischwamm
- Katzenzungen- oder Flachpinsel, Größe 4
- Rundpinsel, Größe 2 und 3

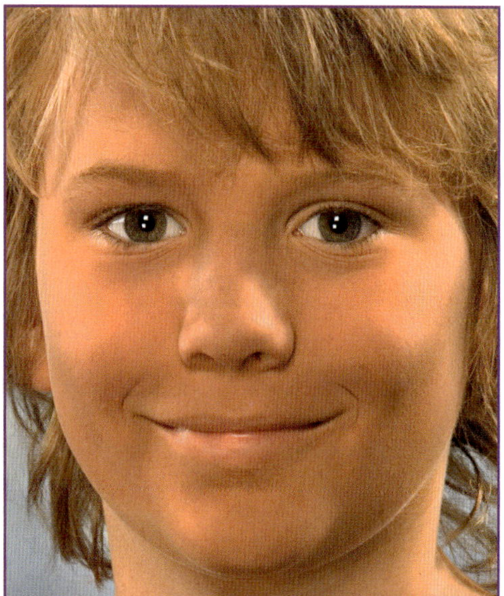

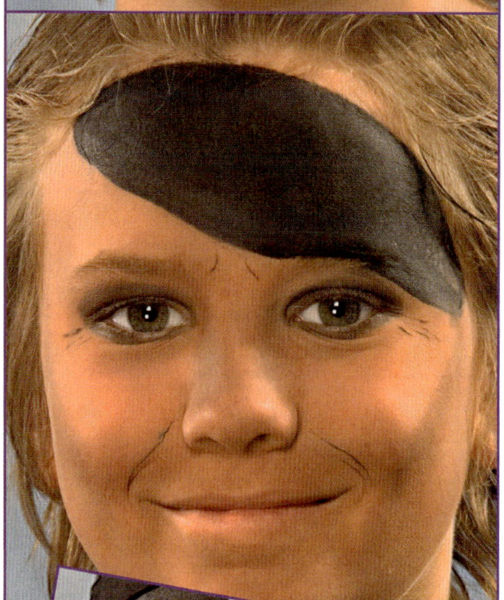

1 Mit einem angefeuchteten Schwämmchen (vorzugsweise feinporiges Schwämmchen) mit TV 8 (Hautfarbe) den Teint dunkler schminken (DVD ▸▸▸ Pirat).

2 Um das schwarze Piratentuch aufzumalen, wählt man am besten einen Profischwamm, da dieser abgerundete Kanten hat.
Die Augen mit Anthrazit (oder Schwarz, dies jedoch sehr dünn aufgetragen) betonen; dazu einen mittelbreiten Katzenzungen- oder Flachpinsel verwenden.
Mit einem dünnen Pinsel, Größe 2, feine Fältchen in Dunkelbraun um Augen und Mundpartie setzen (DVD ▸▸▸ Teufel).

3 Die Augenbrauen mit einem feinen Pinsel, Größe 2, in Schwarz betonen und feine Härchen ansetzen (DVD ▸▸▸ Pirat). Über der Oberlippe ein Bärtchen und auf dem Kinn zwei Bartstränge platzieren.
Mit einem dünnen Rundpinsel, z. B. Größe 3, auf die Stirnmitte zwei weiße gekreuzte Knochen malen und auch den Bart mit ein paar weißen Haaren, winzigdünnen Strichen also, versehen.

Tipp: Um eine gleichmäßige Grundierung zu erhalten, tragen Sie die Farbe erst wischend und dann tupfend auf.

FLUCH DER SÜDSEE

→ bist du das, Jack?

SCHWIERIG-KEITSGRAD
●●●

MATERIAL

- wasserlösliche Schminkfarbe in Hautton TV 8, Dunkelgrau, Schwarz und Braun
- Mastix-Hautkleber
- Wollkrepp in Dunkelbraun
- Garn in Schwarz
- Kosmetik- oder Schminkschwamm
- Bartstoppel-schwamm
- Katzenzungen-pinsel, Größe 8
- Rundpinsel, Größe 1, 2 und 3

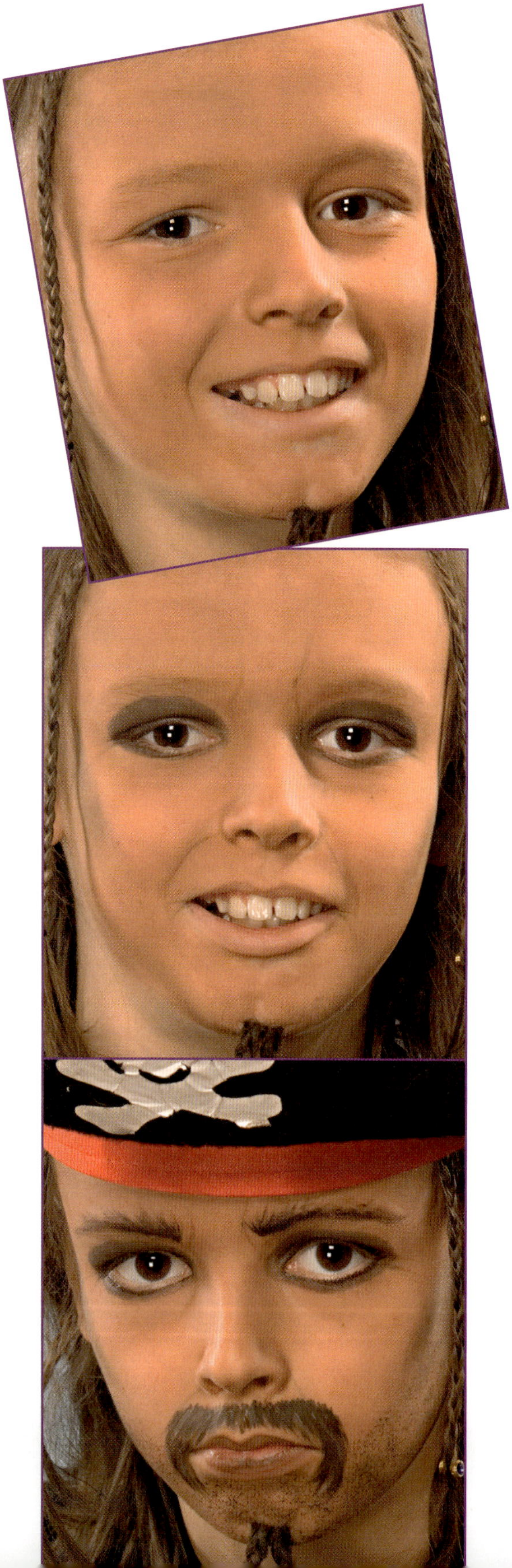

1 Das Wollkrepp auseinander zupfen, über dem Wasserdampf (z. B. über dem Wasserkocher) glätten, siehe Seite 13, und aus einigen Strähnen zwei dünne Zöpfe flechten. Mit schwarzem Garn abbinden.
Mit einem feinporigen Schwamm das ganze Gesicht in TV 8 grundieren (DVD ▸▸▸ Pirat).
Nun die zwei vorbereiteten Zöpfe mit Mastix-Hautkleber am Kinn festkleben. Mit der Hand festhalten, bis der Mastix getrocknet ist und die Bärte halten.

2 Mit einem breiten Pinsel, z. B. Katzenzungenpinsel Größe 8, die oberen Augenlider mit Dunkelgrau schattieren. Auch an den Unterlidern mit einem Rundpinsel, Größe 3, einen dunkelgrauen Strich ziehen; dabei das Model nach oben schauen lassen. Mit einem nur wenig angefeuchteten Schwamm die Partie unter den Wangenknochen mit Dunkelgrau schattieren.
Mit einem ganz dünnen Rundpinsel, Größe 1, links und rechts entlang der Nasenwurzel Zornesfalten aufzeichnen. Auch entlang der Nasolabialfalten, sowie in den Augen- und Mundwinkeln feine, nach unten weisende Falten ziehen (DVD ▸▸▸ Teufel).

3 Mit einem Rundpinsel, Größe 2, ganz buschige Augenbrauen und einen nach unten verlaufenden Oberlippenbart aufstricheln.
Die Bartstoppeln werden mit einem zuvor in schwarze Farbe getupften Bartstoppelschwamm aufgestippelt (DVD ▸▸▸ Pirat).
Die Lippen als besonderen Effekt etwas dunkler, z. B. in Braun, betonen.

Tipp: Das Trocknen des Mastix-Hautklebers können Sie mit dem Föhn beschleunigen.

Halloween ist Gruselzeit. Endlich kann man nach Herzenslust böse und schaurig sein. Die langen Reißzähne des Werwolfs jagen einem kalte Schauer über den Rücken, der Fire Skull, ein flammender Totenschädel, und der Hell's Angel, ein blutrünstiger Zombie, gewähren Einsichten in die Welt des Grauens und der Clown sieht nur auf den ersten Blick lustig aus. Wer es nicht ganz so gruselig mag, schminkt sich als prächtige Fledermaus oder geheimnisvolle Spinnenfrau oder geht als teuflisches Paar Luzi und Luzifer.

HALLOWEEN

BÖSER CLOWN

→ gruseliger als mancher Zombie

SCHWIERIG-KEITSGRAD

●●●

MATERIAL

- wasserlösliche Schminkfarbe in Weiß, Grau, Hellrot, Lila und Schwarz
- Kosmetik- oder Schminkschwamm
- evtl. Latexkeil
- Katzenzungen-pinsel, Größe 8
- Rundpinsel, Größe 2

1 Das ganze Gesicht gut deckend in Weiß grundieren, indem die Farbe sorgfältig aufgetupft wird.
Mit einem Latexkeil oder einer Schwämmchenhälfte die Augen und den Bereich unterhalb des Jochbeines grau schattieren (DVD ▸▸▸ Teufel).

2 Mit dem Latexkeil oder einem Katzenzungenpinsel, Größe 8, um den Mund herum – übertrieben groß – den hellroten Clownsmund auftragen. Ebenfalls in Hellrot eine Clownsnase fast flammenförmig aufmalen.
Mit dem Katzenzungenpinsel, Größe 8, wellenartig – die äußeren Spitzen nach unten zeigend – lilafarbene Augenbrauen auftragen. Die Augenbrauen nach oben etwas heller erscheinen lassen, indem Weiß mit hineingemischt wird.

3 Mit dem Katzenzungenpinsel, Größe 8, weiße Zähne auf die Unterlippe tupfen und diese mit einem feinen Rundpinsel in Schwarz konturieren; ebenso auch Mund und Nase umranden.
Feine, tendenziell nach unten weisende Zornesfalten auf der Stirn, in den Augenwinkeln und unter den Augen sowie in den Mundwinkeln (des aufgemalten Mundes) machen den Clown vollends böse (DVD ▸▸▸ Teufel).

Tipp: Mit seitlich aufgeklebtem Wollkrepp in einem grellen Farbton können Sie die Maske noch interessanter gestalten. Wie die Hare angebracht werden, können Sie auf Seite 13 nachlesen. Im Fachhandel finden Sie auch passende Haar- und Glatzenteile für den schaurigen Spaßmacher.

WERWOLF

→ Achtung, bissig!

SCHWIERIGKEITSGRAD

●●●

MATERIAL

- wasserlösliche Schminkfarbe in Grau, Weiß, Schwarz und Dunkelgrau
- Kosmetik- oder Schminkschwamm
- Katzenzungenpinsel, Größe 8
- Rundpinsel, Größe 2 und 3

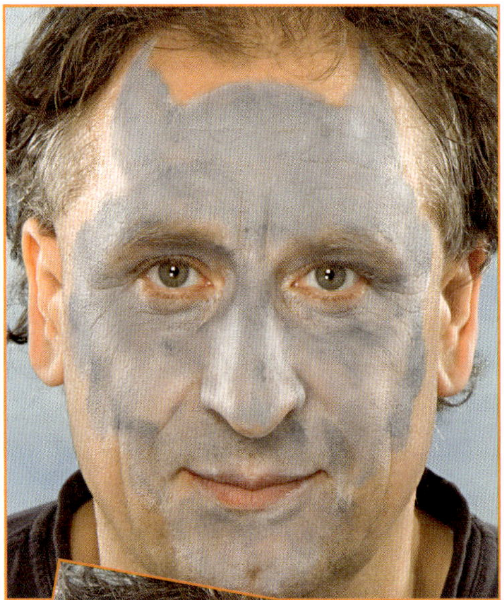

1 Mit einer feuchten Schwämmchenhälfte die Form eines Wolfkopfes in Grau grundieren. „Ohren" auf der Stirn nicht vergessen.
Mit wenig Wasser und etwas Farbe vorsichtig ein paar weiße Flecken auf die Maske tupfen. Dann mit Dunkelgrau entlang der Flecken schraffieren, so dass eine Abgrenzung sichtbar ist. Die Oberlider und um die Augen mit Dunkelgrau vorsichtig abdunkeln.

2 Mit einem Katzenzungenpinsel, Größe 8, in Dunkelgrau dunkle, hochgezogene Augenbrauen auftragen. Mit derselben Farbe und demselben Pinsel zwischen die „Ohren" ein paar Haare zeichnen. Jeweils in der Mitte der „Ohren" dunkelgraue Farbe aufbringen, um ihnen optische Tiefe zu verleihen. Zwischen den Augenbrauen dunkelgraue Zornesfalten steil aufsteigen lassen.
Unter den Augen mit einem feineren Pinsel Falten auftragen. Unterhalb des Kinnes ein paar kurze Striche von außen nach innen zeichnen (DVD ▸▸▸ Tiger). In Dunkelgrau links und rechts der Mundwinkel Schatten platzieren.
Mit einem feinen Rundpinsel, Größe 2, spitze Zähne auftragen. Die längeren Reißzähne über Ober- und Unterlippe malen. Für einen plastischen Effekt weiße Linien entlang der zuvor aufgetragenen dunkelgrauen Striche setzen.
Mit einem Rundpinsel, Größe 3, entlang der unteren Wimpernreihe eine dünne schwarze Linie ziehen (dabei das Model nach oben schauen lassen). Für einen böseren Gesichtsausdruck mit dem Pinsel auf den Oberlidern in Richtung Schläfe (seitlich auslaufend) Schwarz auftragen.
Ebenfalls in Schwarz entlang der Nasolabialfalte beidseitig eine dünne Linie bis zu den Mundwinkeln ziehen.

3 Eine Schwämmchenhälfte so befeuchten, dass die obere und die untere Seite an der Kante mit Wasser benetzt sind. Achtung: Es darf nicht zu nass sein. Die Kante des Schwämmchens in die schwarze Farbe tauchen und vorsichtig, mit nur wenig Druck, von den inneren Augenwinkeln beginnend entlang beider Nasenflügel schraffieren; die Schraffierungen spitz auslaufen lassen.
Mit dem Rundpinsel, Größe 3, Konturen um Zähne und Ohren auftragen.
Die Maske komplett mit aufgemalten schwarzen Haaren umranden. Entlang aller aufgezeichneten Falten Schwarz auftragen. Die Nasenlöcher dreiecksförmig umranden und die Unterlippe mit Schwarz kolorieren.

Tipp: Wenn Sie diese Maske fotografieren möchten, wirkt Sie noch böser, wenn der/die Geschminkte von unten nach oben in die Kamera schaut.

www.eulenspiegel.de

FLEDERMAUS

→ geflügeltes Nachtwesen

SCHWIERIG-KEITSGRAD

●●○

MATERIAL

- wasserlösliche Schminkfarbe in Lila, Schwarz, Gelb, Perlglanz-Pink, Perlglanz-Orange und Perlglanz-Gelb
- Glitzer in Frosted Lila und Frosted Pink
- Kosmetik- oder Schminkschwamm
- Rundpinsel, Größe 2
- Katzenzungenpinsel, Größe 8

1 Mit den Schwämmchenhälften das Gesicht von oben nach unten verlaufend in Perlglanz-Pink, Perlglanz-Orange und Perlglanz-Gelb grundieren. Die Farben dort, wo sie zusammenkommen, schraffieren, damit sanfte Übergänge entstehen.

2 Mit einem Rundpinsel, Größe 2, über das ganze Gesicht eine große Fledermaus-Silhouette in Lila aufzeichnen und mit einem Katzenzungenpinsel, Größe 8, ausfüllen. Auch die Lippen in Lila schminken.

3 Mit einem dünnen Pinsel, z. B. Größe 2, die Augen mit Schwarz betonen.
Die Fledermaus, die Lippen und den Körper der Fledermaus schwarz konturieren. Schwarze Fledermausohren und -augen und eine Raute in der Mitte des Fledermauskörpers aufmalen. Mit Schwarz exakt die Kontur der Fledermausflügel noch einmal nachzeichnen. Als Fledermausaugen je einen gelben Punkt aufsetzen.
Zum Schluss über die Fledermaus Glitzer in Frosted Lila und über die Grundierung am Haaransatz Glitzer in Frosted Pink streuen.

FIRE SKULL

→ unheimlich imposant

SCHWIERIG-KEITSGRAD

●●●

MATERIAL

- wasserlösliche Schminkfarbe in Hautton TV 2, Sonnengelb, Weiß, Schwarz, Rot, Perl-glanz-Gelb und Perlglanz-Orange
- Glitzer in Frosted Pink, Nacht-schwarz oder Gun-metal (Anthrazit), Gold- und Silber-Juwel-Glitzer (grob)
- Kosmetik- oder Schminkschwamm
- Katzenzungen-pinsel, Größe 6
- Rundpinsel, Größe 2 oder 3

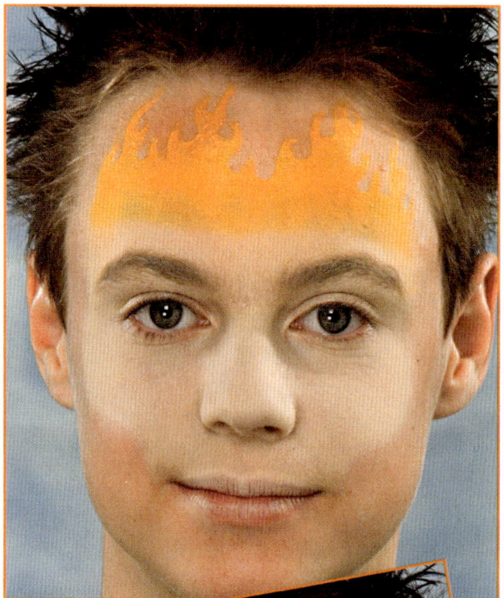

1 Vom unteren Drittel der Stirn beginnend mit einer Schwämmchenhälfte die Form eines Totenkopfs bis zu den Oberlippen im Hautton TV 2 auftragen. Oberhalb des Schädels bis zum Haaransatz mit Perl-glanz-Gelb und einem dünnen Pinsel, Größe 2 oder 3, Flammen anfügen. Das obere Drittel der Flammen in Perlglanz-Orange schattieren.

2 Die gelben Flammen mit intensivem Sonnengelb verstärken.

3 Auf der Oberlippe bis weit über die Unterlippe hinausragend sechs weiße Reißzähne aufmalen. Die Konturen des Schädels mit einem Katzenzungen-pinsel, Größe 6, in Schwarz auftragen und dann mit einem leicht angefeuchteten Pinsel nach innen weicher zeichnen. Die Stellen oberhalb der Zähne betonen, indem dort die schwarze Farbe dicker auf-getragen wird. Auf die Nase die schwarzen Nasen-löcher einer Skelettnase zeichnen und einen Hauch Gelb auf die aufgemalten Zähne geben.
Den züngelnden Flammen mehr Dreidimensionalität verleihen, indem etwas Rot hinzugegeben wird.

4 Die Augen mit Schwarz nach oben und unten flammenförmig betonen. Zähne und Flammen schwarz konturieren.
Über die Flammen zuerst Glitzer in Frosted Pink und anschließend goldenen Juwel-Glitzer geben. Auf die Zähne silbernen Juwel-Glitzer auftragen und mit einem feuchten Pinsel entlang der schwarzen Kontur des Schädels Glitzer in Nachtschwarz oder Gunmetal (Anthrazit) auftragen.

LUZIFER

→ teuflisch gut

SCHWIERIG-KEITSGRAD

●●●

MATERIAL

- kleine Latexhörner
- Mastixkleber
- Transparentpuder in Weiß oder Hautfarbe
- Puderquaste
- wasserlösliche Schminkfarbe in Perlglanz-Orange, Dunkelgrau, Sonnengelb, Goldenorange, Hellrot und Schwarz
- Glitzer in Frosted Pink
- Kosmetik- oder Schminkschwamm
- evtl. Latexkeil
- Rundpinsel, Größe 2 oder 3

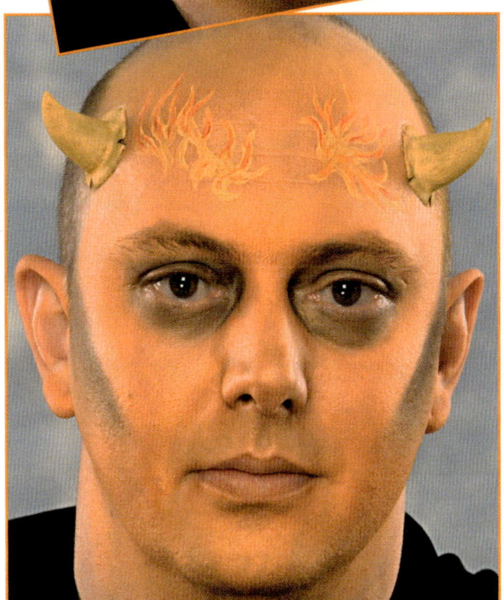

1 Die mit Sonnengelb kolorierten Latexhörner wie auf Seite 13 beschrieben anbringen (DVD ▸▸▸ Teufel).
Wenn die Hörner gut festgetrocknet sind, das Gesicht in Perlglanz-Orange grundieren. Die seitliche Gesichtspartie in Dunkelgrau mit einem Schwämmchen unter den Schläfen beginnend steil abfallend bis auf die Wangen schattieren; dabei jedoch immer unter dem Jochbeinknochen bleiben. Mit einem Latexkeil oder einer Schwämmchenhälfte die Augen in Dunkelgrau schattieren.

2 Mit einem dünnen Rundpinsel, Größe 2 oder 3, in Sonnengelb, Goldenorange und Hellrot züngelnde Flammen auf die Stirn malen.

3 Die Partie links und rechts der Mundwinkel mit einem Latexkeil dunkel schattieren, so dass die Mundwinkel stark heruntergezogen wirken.
Mit einem dünnen Rundpinsel, Größe 2 oder 3, in Schwarz buschige nach oben zeigende Augenbrauen auftragen (DVD ▸▸▸ Pirat). Auch ein paar Fältchen unter den Augen, ein Oberlippenbart und ein Kinnbärtchen gehören zur Teufelsmaske. Mit der Pinselspitze ein paar schmale schwarze Striche entlang einiger Flammen zeichnen; auf die gleiche Art und Weise durch einen kleinen Strich auch die Nasenflügel betonen. Die Lippen in Weinrot hervorheben und eine hellrote Linie unter den Augen ziehen; dabei das Model nach oben schauen lassen.
Zum Schluss eine Prise Glitzer in Frosted Pink über die ganze Maske streuen.

Tipp: **Das Trocknen des Mastix-Klebers können Sie mit einem Föhn beschleunigen. Luzifer sieht auch ohn züngelnde Flammen auf der Stirn beeindruckend aus.**

LUZI

→ höllisch heiß

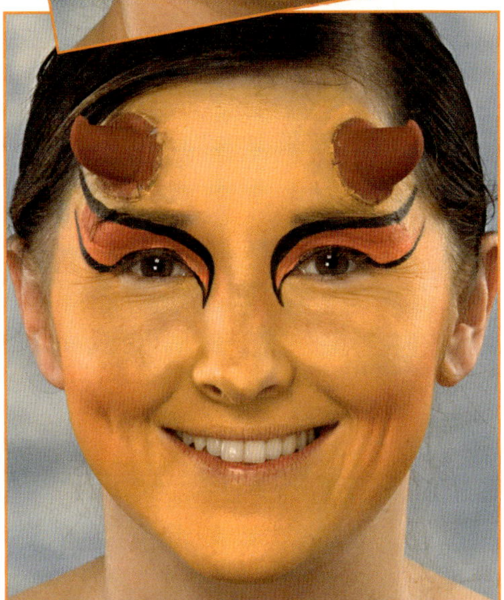

SCHWIERIGKEITSGRAD

●●●

MATERIAL

- wasserlösliche Farbe in Perlglanz-Gelb, Perlglanz-Orange, Dunkelorange und Schwarz
- Glitzer in Frosted Pink und Rubinrot
- Transparentpuder in Weiß oder Hautfarbe
- Puderquaste
- Mastix-Hautkleber
- 2 kleine Hörner
- Kosmetik- oder Schminkschwamm
- Rundpinsel, Größe 2, 3 und 4

1 Zuerst die bereits mit Hellrot kolorierten Hörner mit Mastix fixieren, siehe dazu auch Seite 13 (DVD ▸▸▸ Teufel).
Wenn die Latexhörner richtig angetrocknet sind, das übrige Gesicht mit einem feinporigen Schwamm in Perlglanz-Gelb grundieren. Anschließend mit der Hälfte eines feinporigen Schwammes unterhalb der Wangenknochen und auf den oberen Augenlidern ganz dezent Perlglanz-Orange auftragen.

2 Mit einem Rundpinsel, Größe 4, über den Liddeckeln Perlglanz-Orange bis weit über die inneren Augenwinkel in Richtung Nase und entlang der äußeren Augenwinkel in Richtung Schläfe auftragen. Oberhalb von Perlglanz-Orange nun genau anliegend ca. 1 cm breit dunkelorange Schminke auftragen. Oberhalb dieser Farbe und unterhalb der perlglanzorangefarbenen Fläche – entlang der oberen Wimpernreihe – mit einem dünnen Rundpinsel eine schwarze Kontur ziehen.

3 Nun in Dunkelorange mit einem Rundpinsel, Größe 2 oder 3, einen in sich verschlungenen schlanken Schnörkel mittig vom Haaransatz bis zwischen die Augen malen. Um diesem Schnörkel Tiefe zu verleihen, an die dunkelorange Farbe dünn Schwarz anfügen. Ebenfalls mit Schwarz die Augenbrauen aufstricheln, den Hornansatz umranden und einige Adern auf die Hörner zeichnen; auch die Lippen in Schwarz betonen.
Über das ganze Gesicht Glitzer in Frosted Pink streuen und Lippen, Wangen und Augenlider mit Glitzer in Rubinrot hervorheben.

Tipp: Hierzu sehen künstliche rote Wimpern, wie sie unser Model auf dem Foto links unten trägt, toll aus.

SPINNENFRAU

→ komm in mein Netz

SCHWIERIG-KEITSGRAD

● ● ○

MATERIAL

- wasserlösliche Schminkfarbe in Schwarz, Weiß und Violett
- Perlglanz-Effekt-Puder in Violett und Lila
- Glitzer in Fuchsiapink, Frosted Lila und Silber-Juwel-Glitzer (grob)
- Kosmetik- oder Schminkschwamm
- Rundpinsel, Größe 3 und 4

1 Mit einer trockenen oder leicht angefeuchteten, feinporigen Schwämmchenhälfte beide Gesichtshälften mit Perlglanzpuder in Violett schraffieren (DVD ▸▸▸ Schnörkelmaske).
Mit einem Rundpinsel, Größe 3 oder 4, mit Perlglanzpuder in Lila die oberen Augenlider und den Wimpernrand der unteren Augenlider betonen.

2 Auf der einen Gesichtsseite von der Schläfe aus fächerförmig ein schwarzes Spinnennetz auftragen und auf der anderen Gesichtsseite – ebenfalls von der Schläfe ausgehend – eine schwarze Spinne aufmalen.

3 Mit einem dünnen Rundpinsel zarte, weiße Striche als Aufhellung an die schwarzen Striche des Spinnenetzes auftragen; so können Sie anschaulich den Schimmer des Lichts oder Morgentaus darstellen.
Mit einem dünnen Rundpinsel, z. B. Größe 3, ein schwarzes Kreuz auf die Lippen aufmalen und den übrigen Teil der Lippen in Violett schminken.
Zum Schluss verschiedene Glitzer auftragen, um einen dramatischeren Effekt zu erzielen: Wir haben hier Juwel-Glitzer grob und Glitzer in Fuchsiapink gewählt, um die schwarzen Applikationen zu betonen, und Glitzer in Frosted Lila, um die Grundierung hervorzuheben.

Tipp: Die Spinnenbeine malen Sie am besten vom Körper der Spinne ausgehend – nicht umgekehrt. Dadurch laufen die Beine am Ende spitz zu und die Spinne wirkt realistischer.

HELL'S ANGEL

→ schaurig schön

SCHWIERIGKEITSGRAD

●●○

MATERIAL

- wasserlösliche Schminkfarbe in Hautton TV 2, Schwarz, Rot, Weinrot, Weiß und Gelb
- Kosmetik- oder Schminkschwamm
- Rundpinsel, Größe 2, 3 und 4
- Katzenzungenpinsel, Größe 8

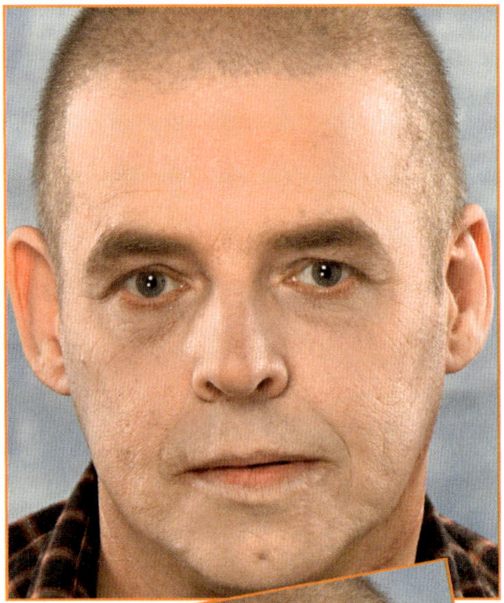

1 Mit einem nicht durchgeschnittenen Schwamm (vorzugsweise ein feinporiger Schwamm) das ganze Gesicht mit TV 2, einem sehr hellen Hautton, grundieren (DVD ▸▸▸ Pirat).

2 Mit einem Rundpinsel, Größe 3 oder 4, wellenförmig schwarze Farbe über den Augen in Richtung Schläfe auftragen. Etwas Rot darüber geben.
Mit einer Schwämmchenhälfte über den Mund in Form eines Rechtecks – leicht nach oben gezogen – in Weinrot einen übertrieben großen Mund aufmalen. Mit einem Katzenzungenpinsel, Größe 8, weiße Zähne darauf platzieren.

3 Mit der Kante eines feinporigen Schwämmchens behutsam ganz dünn unterhalb der Wangen, am Kinnknochen und im Bereich des Stirnfelds schwarz schattieren.
Vorsichtig mit einem Rundpinsel, Größe 3, Weinrot unter den Augen auftragen. Mit einem dünnen Rundpinsel, Größe 2, in Gelb an einem Nasenflügel und über einem Auge einen Ring malen. Die beiden Ringe optisch hervorheben, indem sie innen und außen dünn mit schwarzer Farbe konturiert werden. Auf einer Seite der Wangen mit Schwarz und Rot eine längliche Narbe aufzeichnen. Schwarz auf die Lippen geben und Mund und Zähne ebenfalls mit Schwarz umranden.
Abschließend noch kleine Zornesfalten auf die Stirn auftragen und an Augen und Mund ein paar leichte Fältchen setzen (DVD ▸▸▸ Teufel).

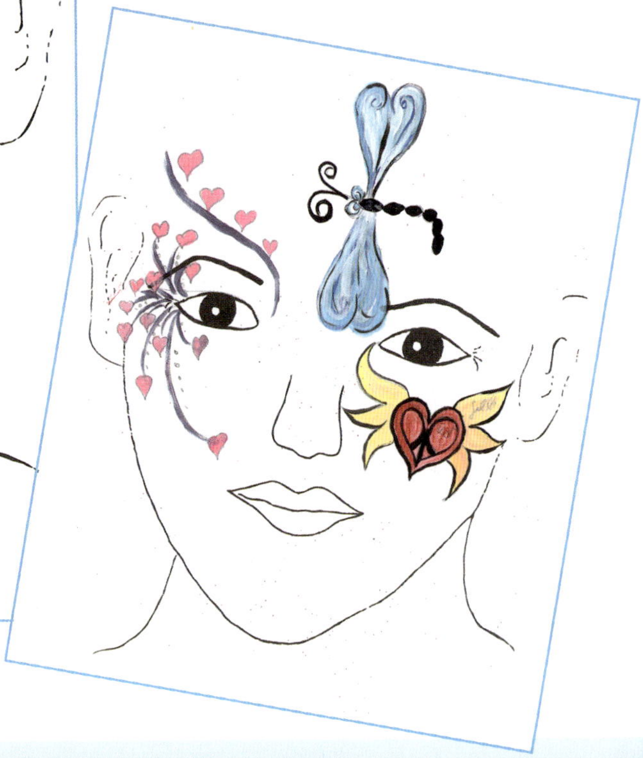

Herzen, Sterne, Schnörkel, aber auch nette Tierchen, Blumen und Pilze sind Elemente, die einer Schminkmaske einen besonderen Charakter verleihen. Hier finden Sie eine Motivsammlung, die Sie inspirieren soll. Wenn Sie mit dem Schminken erst begonnen haben, können Sie sozusagen als Trockenübung einzelne Elemente mit dem Pinsel erst einmal auf Papier zeichnen. Sie werden sehen, Übung macht den Meister! Und wenn Sie sich noch nicht an ein lebendes Model heranwagen, halten wir für Sie auch Kopiervorlagen für Gesichter bereit, an denen Sie nach Herzenslust entwerfen können.

IDEEN

Verwendung von Schnörkeln

Schnörkel können Übergänge von einem Motiv zum anderen darstellen, z. B. von Stern zu Stern oder von Blüte zu Blüte (siehe Blumenranke Seite 22). Aufwändiger gestaltet, wie bei der Schnörkelmaske auf der DVD, können Schnörkel aber auch selber zum Highlight werden.
Grundmotive, also Schnörkel, die die Form eines Fragezeichens oder eine S-Form haben, kann man beliebig variieren und aneinander knüpfen. Dabei bietet es sich an, die Verbindungsstellen durch „Auskleiden" mit Punkten, gebogenen Strichen, Tupfen oder Tropfenformen zu verzieren.
Schnörkelmotive haben eine deutlich faszinierendere Wirkung, wenn Sie asymmetrisch angelegt sind. Eine Schnörkelranke vom äußeren Augenwinkel Richtung Stirn und Wange auslaufend, wirkt aber auch symmetrisch sehr gut. Ebenso Schnörkelmasken, die in der Mitte der Stirn beginnend sich nach links und rechts ausbreiten (siehe Herzdame Seite 30). Schnörkel oder Ornamente, die sich überkreuzen, müssen ca. 0,5 mm vor der Schnittstelle unterbrochen werden, um so den Effekt zu erlangen, dass sie übereinander liegen (siehe Tribals Seite 26).

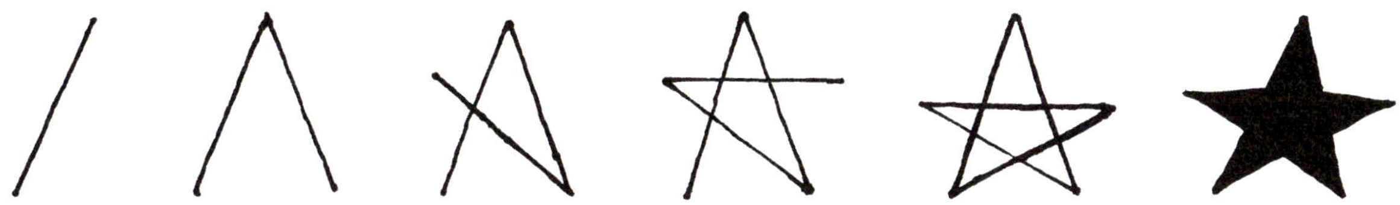

Den Stern mal ich gern !

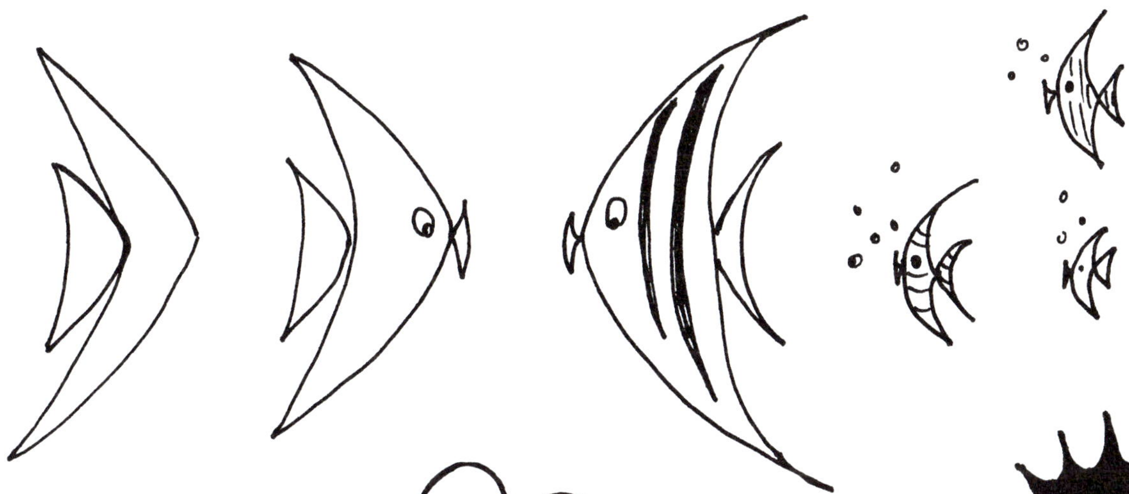

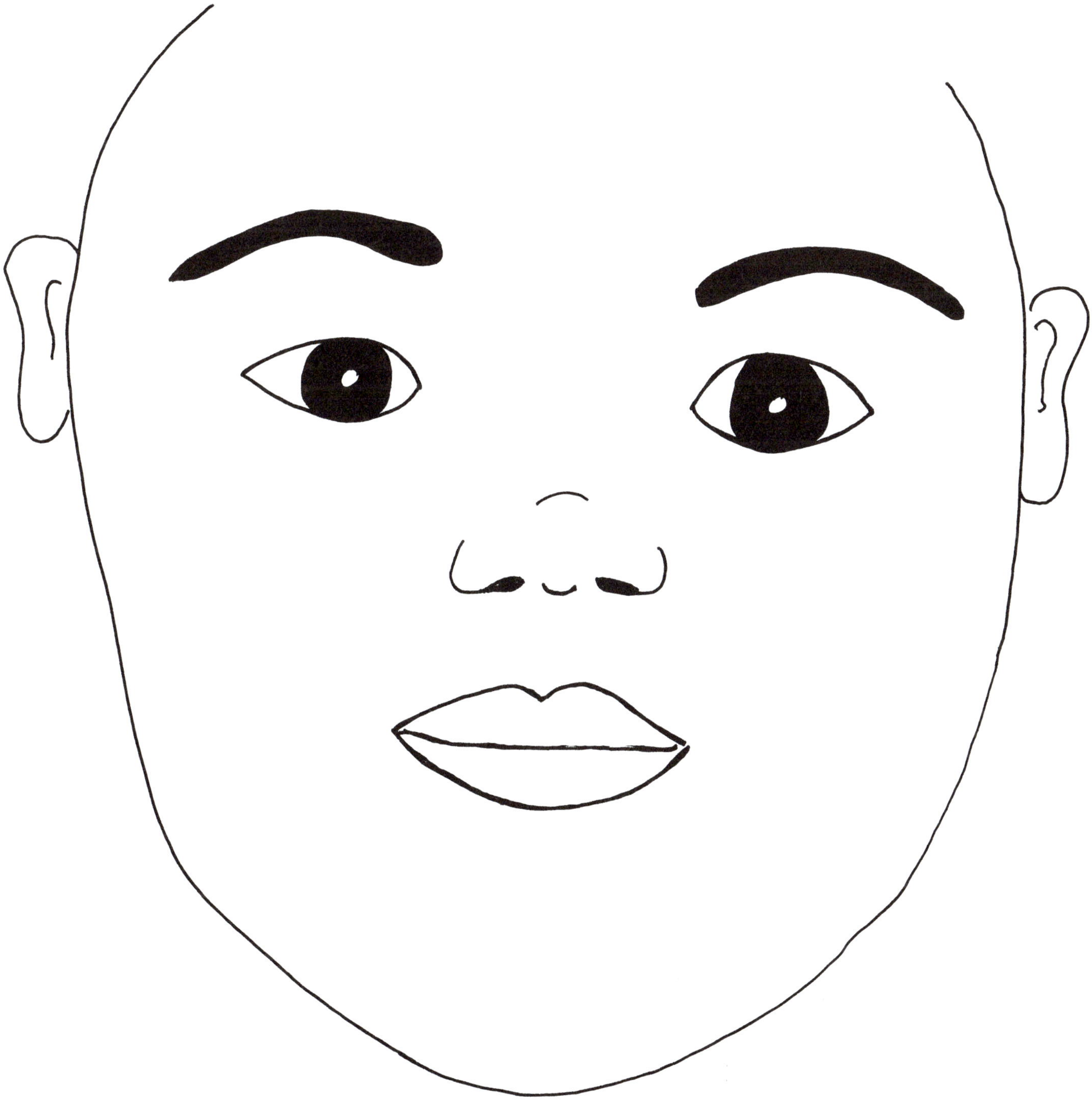

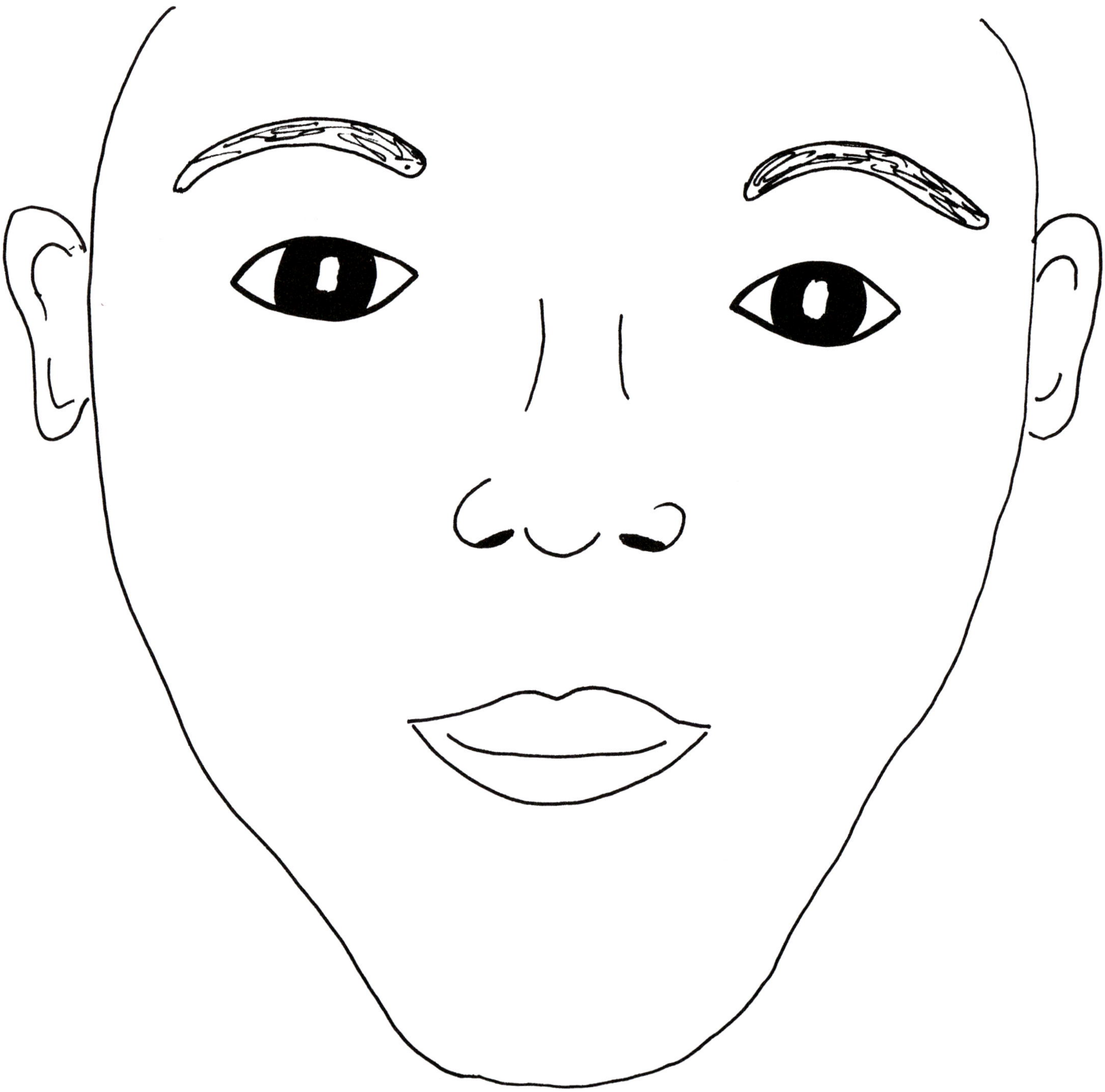

IMPRESSUM

KÜNSTLERISCHE LEITUNG: Nicole von Kleist

HAIRSTYLING: Anke Langer

SCHMINKER: Nicole von Kleist, Roksana Maurer, Sandra Loos

MODELS: Anna, Ariane, Caroline, Eugen, Ewald, Felix, Hannah, Isabell, Jan-Ole, Johannes, Jolyn, Jürgen, Kiara, Lena, Lucy, Mareike, Marlin, Marlon, Michael I, Michael II, Olimpia, Wibke

PROJEKTMANAGEMENT UND LEKTORAT: Katrin Gerweck

LAYOUT: Petra Theilfarth

FOTOS: Eckhard Stein, Maintal

DRUCK UND BINDUNG: DELO-Tiskarna d.d., Ljubljana

Auflage:	5.	4.	3.	2.	1.	
Jahr:	2010	2009	2008	2007	2006	[Letzte Zahlen maßgebend]

ISBN 978-3-7724-5039-6
Best.-Nr. 5039

Mit dem Workshop auf DVD lernen Sie die wichtigsten Materialien und Grundtechniken kennen. Schauen Sie zu, wie tolle Masken entstehen, und erfahren Sie nebenbei zahlreiche Profi-Tipps.

Materialvorstellung

- Farben, Glitzer, Pinsel, Schwämme & Co.

Grundtechniken

- Mit Kosmetik- und Schminkschwamm, Profischwamm, Latexkeil und Stoppelschwamm
- Mit Rund-, Flach- und Katzenzungenpinsel

Schnörkelmaske

- Asymmetrische Grundierung
- Schnörkel zeichnen
- Plastische Effekte und Highlights

Schmetterling

- Zweigeteilte Grundierung mit Profischwamm
- Farbgestaltung

Teufel

- Latexhörner anbringen
- Grundierung schattieren
- Zornesfalten

Pirat

- Grundierung mit Hautton
- Buschige Augenbrauen
- Bartstoppeln

Tiger

- Fell-Optik grundieren
- Barthaare
- Streifen

DVD-Spielzeit ca. 60 Minuten